U0561315

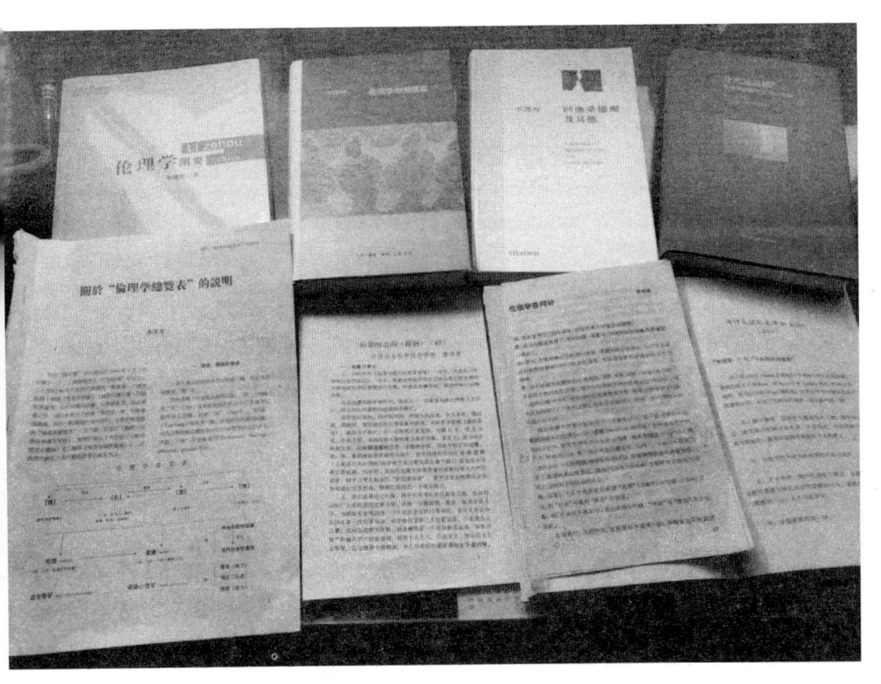

李泽厚伦理学著作及未入书的文章

伦理学新说述要

李泽厚　著

世界图书出版公司
北京·广州·上海·西安

图书在版编目（CIP）数据

伦理学新说述要 / 李泽厚著. —北京：世界图书出版有限公司北京分公司，2019.5
ISBN 978-7-5192-6069-9

Ⅰ.①伦… Ⅱ.①李… Ⅲ.①伦理学—研究 Ⅳ.①B82

中国版本图书馆CIP数据核字（2019）第046816号

书　　名　伦理学新说述要
　　　　　LUNLIXUE XINSHUO SHUYAO

著　　者　李泽厚
责任编辑　申作宏
封面设计　蔡　彬

出版发行　世界图书出版有限公司北京分公司
地　　址　北京市东城区朝内大街137号
邮　　编　100010
电　　话　010-64038355（发行）　64033507（总编室）
网　　址　http://www.wpcbj.com.cn
邮　　箱　wpcbjst@vip.163.com
销　　售　新华书店
印　　刷　河北鑫彩博图印刷有限公司
开　　本　880mm × 1230mm　1/32
印　　张　6
字　　数　113千字
版　　次　2019年5月第1版
印　　次　2019年5月第1次印刷
国际书号　ISBN 978-7-5192-6069-9
定　　价　58.00元

目 录

伦理学新说述要

附录

伦理学新说述要

导 论

从康德“绝对律令”新释说起

问：为什么要以康德（Kant）作导论，开始讲你的伦理学？

答：因为在中外哲学中，我认为Kant最为准确和鲜明地把握了道德行为和心理的主要特征，并将之推至与宇宙同光的存在本体的高度，“位我上者，灿烂星空；道德律令，在我心中”，与中国儒学颇有相似之处，今天应吸收消化之以弘扬自家传统。而且，几乎任何伦理学论著，总要讲Kant，绕不过他。所以我干脆从他讲起，作为导论。

问：为何用答问对话体裁？不像学术论著。

答：我素来不管这些。我想学《朱子语类》《传习录》的答问体裁，简洁、真诚、直率、易懂，比起长篇大论，更是走在追寻和履行真理的道路上，这不更好吗？老祖宗孔、孟，西方的柏拉图（Plato）不都如此么？

1 人是目的

问：你开始讲吧。

答：Kant是伦理学义务论的最大代表，此论是伦理学主要理论之一。但问题复杂，我也有些很特殊的看法。

问：是些什么特殊看法？

答：我将Kant“绝对律令”（categorical imperative）的第二原则“人是目的”与第一原则（“不论做什么人，应该做到使你的意志所遵循的准则永远同时成为一条普遍的立法原理”）、第三原则（“每个有理性的存在者的意志当作普遍立法的意志”）彻底区分开来，认为“人是目的”是具有现代现实内容的时代产物：每个人都是目的而非工具，不能把任何人作为工具对待、使用、相处等等。这是社会历史发展到一定时期所产生的社会理想。正如“天赋人权”“人生而平等”一样，“人是目的”并不是自古就有的先验原理，也并不是能够“普遍立法”的“自由意志”。在希腊奴隶制时代，人只是会说话的工具，并非目的；战争时期，士兵只是统帅的博弈棋卒，并非目的；革命年月，人们被要求作“驯服工具”和“螺丝钉”，也不是目的。迄至今日，即使大部分地区已没有奴隶制、战争和革命，但“人非目的”的情况仍然大量存在。人是机器的附件、生产的工具、驯服的奴仆便随处可见。但第一，这不会永久，而只是历史行程不可避免的阶段。科技的发达将使许多单调的、肮脏的、繁重体力的、机械的而非创造性的“劳动”逐渐由机器人（robot）来替代，而且会使整个社会中人作为工具的各种现象逐渐减轻。第二，毕竟今天人格独立，人们可以较为自主作出工作选择，不必再是永远被动的“驯服工具”和“螺丝钉”。但也因为历史尚在进行中，人类还远未得到个人真正独立和自由，Kant 把本是近代资本社会时代的观念意识提升为绝对律令，为现代自由主义提供了最为崇高的理论基础，将“整体应为个体而存在”这一现代人权宣言最突出、最鲜明地揭示出来，从而颠覆了过往的历史。每个人可以追求真正成为“自我”的权利，不再是任何权威、集体、他人的工具，不再是任何神学、制度、风习、意识形态的奴仆。人是自由、平等、独立的个体，有自主选择和决定的权利。尽管这一观点和理论有其非历史的弱点，但它喊出了现代社会的心音。它作为今天和今后的现实和理想，将无可回避、无法否认和不可抗拒。Kant 这种启蒙时代的伟大理想和伦理标准、道德理念至今光焰长存。它承前启后，也正是我所说的“现代社会性道德”的核心部分。现代社会性道德并不能也没有完全实现“人是目的”，但它是实现这一理想的历史中的一大进步。

2 普遍立法

问：那么另两条原则呢？

答：对这两条我做了前人包括中西似乎少有的解说。Kant“三大批判”我以为都是为了解决“人之所以为人”的“人性能力”问题。伦理学的“普遍立法”和“意志自律”（或称“自由意志”）这两条实际可归结为一条，即人有能“普遍立法”的“自由意志”：“你的行动，应该把行为准则通过你的意志变为普遍的自然规律。”（苗力田译文）它实际揭示的是人的道德行为的形式结构，指的是人的内在心理的强制机制，而并非具体社会时代内容。它们与第二条“人是目的”尽管在Kant那里保有着内在的联系，即作为自由、平等、独立的人应具有“普遍立法”的“自由意志”，显示了个体人格的尊严和威力，但实际上并不相同。因为这个能“普遍立法”的“自由意志”只是人的某种心理结构或心理定式，很难具有实质内容从而非常空泛。当年黑格尔（Hegel）严厉批评Kant是形式主义，也以此故。Hegel以具有特定历史内容的伦理学代替Kant的道德律令，也就在否定现实生活中这种能抽象“普遍立法”的“自由意志”。实际上“人是目的”属于外在人文的政治哲学，这两条（“普遍立法”“自由意志”）属于内在人性的道德心理学。我以为，Kant 从内外即人性和人文两个方面树立起了“大写的人”。

问：Kant不是举出“不自杀”“不说谎”“发展自己”“帮助他人”作为完全义务和不完全义务，即你说的“强”“弱”两类四项的具体内容吗？

答：Kant认为这四例之所以能“普遍立法”，是因为否则便违反自然律而自相矛盾。我以为，实际上是因为这四项可说是任何群体赖以生存延续从而个体应该服从遵行的义务原则。人如自杀、说谎、不发展自己、不帮助他人，各群体（从而人类）也就不复存在。所以各宗教都将“不自杀”“不说谎”等（包括出世的佛家也有“不打诳语”）作为基本教义而要求个体忠诚遵行。但是，在复杂的现实生活中，它们却很难甚至不可能彻底兑现。在敌人面前，不说谎而使同伴遭难，道德吗？壮士自裁，烈女自经，屈原投江，陆秀夫蹈海，不道德吗？今日如安乐死，医生辅助自杀等等，是否道德，争议仍然很大。可见，Kant 所称能“普遍立法”的逻辑在现实中并不适用。其具体执行或实现，仍然依存于具体的时空情境。

3 自由意志

问：那么，Kant 大讲“普遍立法”又有什么意义？

答：我以为其意义在于突出了人们履行道德义务所展示的伟大心理形式，即展示了“人之所以为人”所独有的“人性能力”，展示了“自由意志”作为“人性”的核心地位和人类所独有的情理结构。

问：如何讲？

答：它指出每个人作出道德行为时所认定的信念：我这样做是应当适用于所有人的规则、律令，所有人均应效法于我，我的行为是可以“普遍立法”的行为。按中国说法，我这种行为就是“为天地立心，为生民立命”的行为，是一种不考虑、不顾及我个人的苦乐、祸福、安危、利害以及因果，而必须服从、遵循的理性的“绝对律令”。它突显的是人作为理性存在者的无比力量和光辉，并由此激发出远远超出动物族类的人的巨大生命力量。人不再只是吃喝玩乐、感性享受和感性存在的动物，而是可以由理性主宰自己，置苦乐、幸福、生命、经验、感性存在于不顾的“自由意志”，这就构成了“人之所以为人”的本体存在。这其实也就是孔老夫子讲的

“克己复礼为仁”，孟夫子讲的“浩然之气”和“富贵不能淫，贫贱不能移，威武不能屈”。这种行为活动的心理特征，我称之为“理性凝聚”。我以为这才是 Kant 第一（“普遍立法”）、第三（“自由意志”）原则的真正内涵所在。Kant 赞赏普通老百姓能遵循道德而行事，也指的是这种“立法”心理，是指它的心理结构、形式、定式、框架，而并非指具体社会人文内容。Kant 对法国大革命的民众赞叹不已，也是对其不惜牺牲自己的道德心理形式，而非对其伦理具体内容（过激的革命行动）。伦理道德中的特定社会内容随时空而有变迁，但这个心理结构形式由于积淀却是永远常青的。

问：这也就是你在《伦理学纲要》中强调作为道德的“人性能力”？

答：它是“人性能力”的一个部分。“人性能力”还有不同于动物的人的认知能力和审美能力。但“自由意志”是“人性能力”的核心，Kant 尊之为本体。我也说过伦理道德在逻辑上和现实上优先于认知。但与 Kant 不同的是，我强调所有人性能力都不是先验或天赐，而是要经过历史的洗礼和教育的培训才能为人所拥有。《批判哲学的批判》（以下简称《批判》）一书就强调教育是未来各学科的核心，即培育人性。

问：你在《伦理学纲要》一书中常用的是“人性能力、人性情感、善恶观念”，在后来的论著中你却常用“意志、情感、观念”，有无异同?

答：没有，因为人性能力不止于伦理道德，我反复讲过，在认识审美方面也有“人性能力”，在伦理道德方面的“人性能力”主要就是“意志”。所以后来我就用“意志”替代了“人性能力”，这完全是词语变动，与所指内容无关，一个重要的涉及内容的词语改动，是最初我将“情感”也作为道德的“冲力”“动力”，后来一律改为“助力”，认为只有理性才是“动力”，情感是重要（但非必要）的“助力”，这把我承传Kant的关键处更突出了。它与“情本体”的关系也就远为深刻复杂了我说情感不是必要的“助力”，并非说道德行为和心理中没有任何情感，那人就过于机器了，而是说道德行为和心理不是由情感主宰和决定的，特别在Kant看来，由情感出发或主宰、决定的形成的道德行为不能称道德，我同意这一观念。以为讲“情本体”就是以情感作为道德的动力，是非常浅薄幼稚的理解。

问：为何是浅薄幼稚？

答：我一开头便说过“情本体”是一种理性结构，不仅情中有理，而且人类的生存延续是建立在理性基础之上，才不同于其他动物族类，个体也如此。理性是人类百万年历史的建构成果，为什么我把自己的哲学称为“历史本体论”，一直强调教育，并以经验积淀说区别于Kant的先验论，强调也不同于休谟（Hume），都在于此。

问：你在《批判》书中便强调认识论中的逻辑同一律（不矛盾律）来自实践操作的“这样做就不能不这样做”，后来又强调这首先是人群活动中所必须遵守的行动命令、律则，从而由实践而伦理（道德）而认识，认识次于（地位）和晚于（时间）伦理道德，伦理优先成了本体。对吗?

答: 非常正确，即使用—制造工具的群体生产实践→伦理命令、律则→认识思维。我还强调巫术、礼仪等原始人群非生产性活动在这转换中极为重要的作用。

4 绝对伦理主义与相对伦理主义

问：请你将上面对Kant“绝对律令”的解说概括一下。

答：Kant 的categorical imperative 中的“人是目的”是现代社会性道德，是现代社会的伦理理想，以前并没有，是具有特定时代内容（即现代社会）的。其他两条（“普遍立法”“自由意志”）是一种普遍性（古今中外都有）的人类独有的文化心理结构、形式、定式、框架，是任何道德（无论是传统的宗教性道德还是现代社会性道德）都必须具有的心理形式，与道德内容无关。Kant提出这三条都极为重要，非常了不起，是对人性（内）和人文（外）两方面的重要建设，但Kant把内（道德心理）外（社会伦理，即“人是目的”）混在一起讲，便使人弄不明白了。这是我对Kant 的独特解释。

问：把Kant伦理学看作伦理绝对主义，与视伦理道德随时代、社会变迁而变易的伦理相对主义，就由此而来？

答：其实应是道德绝对主义，Kant强调的是道德行为和心理形式是从不变易的，而并非各种具体的伦理内容。

问：请再说说。

答：实践理性之所以高于思辨理性，如我的认识论所说，就在于前者使实践中的理性变为人所独有的实践理性，它以符合人类生存延续的合目的性为表征，首先正是指这种伦理命令在实践活动中呈现理性的特殊重要性，以后才呈现为认识论的合规律性。认识论的合规律性在根本上也脱离不了有益于人类的生存延续的目的性。如果要把Kant列入伦理绝对主义，就主要是指这一点。因为Kant指出了每个人做出道德行为时所应抱定的信念：我这样做，应当适用于所有人的规则、律令，所有人均应效法于我，我的行为是可以“普遍立法”的行为。从人类学的历史源起看，这大概就是制造、使用工具的实践活动中最先出现和存留的经验、语义和理性。它以“绝对律令”的形式塑建人的内心，由强迫服从到自觉选择，这也就是Kant所说的“善良意志”（good will）。可见“善良意志”主要指的，便是这样一种能“普遍立法”的个体的道德心理。它大概是人类语言中首要的语义，“鼓天下之动者存乎辞”，它由远古巫师借“天命”咒语、巫术、礼仪，将保存着一系列制造、使用工具的实践中的要求、规则、规律作为不可抗拒的神圣命令发布出来，以指挥、组织和控管群体和个体的行为活动。巫术礼仪使人类彻底脱离动物族类，产生了社会，其中，语言和理性（秩序和规则）是核心，基础仍然是猎取食物（获得对外界事物的把握和认知）、分享食物（群体个体间的生存关系和秩序）的种种经验。这使语言远不止于沟通，而是以声音（以及之后的文字）的轻质外壳，负载着厚重的历史，来维护人类的生存延续。“语言是存在之家”只有从这个角度去解说，才有深刻的意义，这意义是建立在人类制造使用工具不断进步、不断创新的百万年生产—生活的历史经验之上的。所以，不是语言而是历史进入形上，因为它才必要而充分地具有人类生存延续的本体意义。

问：可见，绝对性只是指Kant的第一、第三这两条律令，第二条并不包括在内。

答：对。“人是目的”如前所说，只是现代社会所要求的个体的行为规范。文化人类学的大量材料证实，“人是目的”并非普遍存在，无论中外，古代并无此“绝对律令”，它是现代社会的产物。作为现代性道德的根基，它在某些地区和国家已经在制度和法律上有所落实，以平等的个人为本位和价值根源，也已成为自由主义政治哲学的总纲领。但对全球来说，远未如此。文化人类学说明，不同时代、不同社会、不同文化、不同传统，存在着很不相同的伦理规范，很不相同的宗教教义、生活习惯、制度和礼仪，其中充满着差异、冲突，同一文化中伦理规范的矛盾冲突也很常见，特别是在近现代。从不允许离婚，到允许同性婚恋，从全身黑袍、只许露双眼，到几乎全裸的时装表演，从禁欲主义到性放纵，以及在这两端之间的各种理论和实践，“此亦一是非，彼亦一是非”。或并行不悖，或激烈冲突，至今如此。“人是目的”远未成为全球的伦理道德。由自由主义引申出来的文化多元主义、伦理相对主义，倒是今日主流。可见，“人是目的”并非普遍必然的“绝对律令”，而是具有某种普遍性并兼理想性的现代社会性道德。但“普遍立法”和“自由意志”则是自古至今的人性塑建中普遍必然的道德心理结构、形式、定式、框架。所谓“绝对律令”（categorical imperative）就是指建立内心的这种结构、形式、定式、框架，从而使人成为人，这框架、定式也就是以意志为特征的与观念、情感的三合一（详后）。框架和意志是不变的，但观念、情感却随时代、社会、文化而差异而不同而变迁。所以，人类学历史本体论在一定限度内认同伦理相对主义，因为如前所说，它们都是历史具体性的合理产物，各种时期个体遵循的社会群体规范（拙作“伦理学总览表”的由礼到理的实线）以及对此规范的背离和反叛（由理到礼的虚线）是历史行程中的常规。不能拿今日之我去衡量昨日之我，这几乎是不必再作讨论的问题。

问：但在今天欧美文化主流中有一种所谓“无限制的伦理相对主义”（unrestricted moral relativism），即认为各种伦理规范完全等价同质，不可通约，因此也就不能去做优劣长短高下和进步落后之分，否则就是政治不正确。

答：这以后还要说到，其特点，简单说来，便是否定历史的积累性。历史积累性也就是肯定历史有进步性，包括伦理道德。这在妇女问题上非常突出。妇女有否受教育的权利，妇女能否外出工作，妇女能否自由婚恋，妇女能否自己决定堕胎，就是例子。现在视为“当然”的，以前视为“不然”，这不是进步是什么？中外好些学人只承认物质生产和生活有进步，而文化、价值观等方面并无进步可言，所以无限制的文化相对主义非常流行，这从一开始我便明确反对的。

5 人性与先验心理学

问：看来你更重视Kant讲的“绝对律令”的绝对性在于培育和突显人的道德心理，你大赞人性能力、人性心理，也就是人性问题。

答：关于人性（human nature），古今中外都讲了不少，但什么是人性却仍然并不清楚。我把它看成是由人所造成的心理结构，既不是动物性，也不是神性，那是在动物性基础上所培养出来的人的心理能力和人的心理感情和观念。也就是“文化心理结构”（就人类、群体说）或“情理结构”（就个体心理说）。我讲“积淀”，也是指人形成了自己所独有的这种文化心理结构或情理结构。这是一个非常重要的问题。将来如果脑科学（神经生理学）进一步发展，希望在自然科学上会出现对人性、对文化心理结构的支持性的实证论据。二十世纪就是被语言哲学控制了，它几乎统治了一切。怎么样能“走出语言”，又走到哪里去？我想提出这个历史性的心理学的方向。

问：你重视的道德心理学（moral psychology）是否从某种意义上可以说从moral的水平又回到了psychology？

答：是的，但我所说的psychology不是从经验水平上讲的，而恰恰是先验的，是人类的，是形式的。今天的经验心理学整体水平还处在刚刚起步的阶段（baby stage）。现在研究最多的还是感知觉之类。对于什么是想象，什么是情感，什么是理智、理性、理解还不可能有很好的解释，更不要说道德判断了。在脑科学尚且不发达的情况下，心理学顶多是描述现象。二十一世纪来不及了，可能是下个世纪或者更晚。讲哲学可以看得远一些，我把它称为先验心理学（即从哲学角度提出经验的伦理心理之所以可能，而非研究心理经验本身。所以本书的"文化心理结构"等概念，便都是哲学命题，它只是揭示伦理学的心理含义，而并非心理科学本身）。实际上Kant就是先验心理学，强调心理形式和结构，他在哲学上给我们指出了这个方向。所以我所谓的moral psychology并不是回到心理主义上去，可以说它是更高一级的心理主义，超越了经验心理主义和逻辑主义。当然，现在很大部分的道德心理学是描述的经验心理学。

问：但是接下来又有了一个问题，心理主义受到攻击，很大程度上是因为它是以个体和经验作为基础的，而像道德这种东西是不能用个体来解释的。

答：我觉得Kant强调它是一种人类特有的心理形式，尽管必须落实到个体上，但并非个人的经验所创造的，这就是Kant"先验"一词的本意。Kant厉害之处在于他把这些总结为理性命令，形式是空的，但不断有外在的伦理规范去形成内容。比如，"9·11"恐怖袭击中，救火队员不怕牺牲，恐怖分子也不怕，从心理形式上讲，从其结构、定式、框架上讲，是一样的，是可以等同看待的（这以后还要讲到），这就是我讲的先验性。

问：有一种说法，说Kant是动机论，动机好就是道德的。

答：这是一种肤浅庸俗的误解。认为Kant是讲要从好的动机出发，这恰恰是Kant所坚决排斥的“实质”原理；Kant讲的只是“普遍立法”的动机形式。即只要你相信你的行为准则能普遍立法（有普遍的客观有效性），那就是道德的。道德既不在于任何实际的功用效果，也不在于是否从“爱人”（如“恻隐之心”）、“敬神”等等“好”动机出发。从这里出发，恰恰是服从经验的他律，即非道德的自律。

问：何谓“自律”与“他律”？

答：所谓“自律”，是相对“他律”而言。“他律”是指意志由其他因素决定，这些因素也就是Kant所列举的那些“实质动机”，即：环境、幸福、良心（内在感官）、神意等等。这些在Kant看来统统都是把意志行为服从于外在因素的“他律”，而不是法由己出的“自律”，因而不是道德的。就拿所谓“道德良心”来说吧，如先从某种特殊道德感情出发如同情心、恻隐之心、怜悯心，就还是用感性来分辨、判断和规定道德，结果仍然会把全部道德归结到满足、快乐和幸福上去，从而便不是“自律”，仍然是“他律”了，尽管这个“他律”是“神赐”或“天生”的“良心”。Kant认为，人的自律意志既不是情欲（动物性）的奴隶，也不是神的工具；既不受快乐、幸福、欲望的驱使，也不受神意、天命、良心的支配。人不是物（只知服从），也不是神（只知立法），而是服从自己立法而行动的主人。道德律令是绝对服从又法由己立；它以人为目的而普遍有效。这就是“意志自律”，也就是自由。Kant认为，道德律令这三条公式是相同的。它们是从不同角度指向着一个中心。这个中心便是“自由”。Kant对道德律令有许多分析、论证，最后集中到“自由”这个概念上。Kant伦理学的自由与其认识论的必然是正相对峙的两方，理性给自然立法就是自然的必然，理性给自己立法就是人的自由。自由是纯粹理性在伦理道德上的表现。“只有道德才给我们初次发现出自由概念来”（《实践理性批判》）。

Kant的道德律令作为超感性经验的理性力量，是普遍必然的绝对命令（第一条），它的本质是自由。意志自律（第三条）则是这种自由的直接表现。“自由这个概念是解释意志自律的关键。”《道德形而上学基础》一书通过所谓分析的方法，由日常道德经验最终归结为第三章“自由”概念。《实践理性批判》是用所谓综合法写的，从抽象基本原理出发更开门见山在序言和引论中便提出：自由是纯粹理性体系的“整个建筑的拱心石”，是灵魂不朽、上帝存在等“其他一切概念”的依据。关于这里更详细的讨论，可参阅拙作《批判》，此处不再赘言了。此外，在本书第二章讲道德心理时，一开头也要回到“自由意志”的问题。

问：“自由意志”当然出自“我”，什么是“我”，都是问题，Kant的认识论以“我思”为核心，福柯（Foucault）则讲“我”与身体的不可分和分的乌托邦种种。

答：这确实是一大问题。不知儿童心理学已研究出儿童何时出现“我”的意识没有？动物并无“我”，只是个体的生物学反应。人类有“我”的意识以后，就把意识与身体的二元关系突显出来了。因之而产生将“我”实体化、对象化以至出现独立的心灵、灵魂等的认识和理论，在道德中，牺牲身体以拯救灵魂或完成“自我”，实现了“自我”，也成为“自由意志”的选择运用。

问：所以道德是以身心二元论为基础？

答：我不认为如此，没有离开身体的灵魂、心理和“自我”，只是可以用精神的“自我”来消灭肉体的“自我”，以显出“文化—道德的人”而超出自然和动物界。这也就是Kant的本体（noumenon）高于现象界的道德哲学。

问：在这以Kant作启迪的“导论”后，你准备如何展开？

答：由此“导论”讲Kant绝对律令混淆伦理内容与道德形式开始，主张将二者作外（外在规范）内（内在心理）二分的必要，并提出“由外而内”讲道德的源起，是为第一章。第二章讲道德三要素，调和Kant与Hume，认为理性为主，辅以情感。第三章讲传统宗教性道德与现代社会性道德的区分和相互关系，主张“情本体”的中国哲学来解决当代既人欲横流又理性跛扈。但所有这些都只是概括性的哲学提出，具体探讨仍留待有关学科。

第一章

伦理、道德外内二分和“由外而内”说

1 动物有否道德

问： 你上文对Kant绝对律令（categorical imperative）的区分，看来是为你这个区分作前驱和铺垫。

答： 对，所以前面是“导论”，因为我首先要探求个体行为中的“道德从哪里来”。我以为人的道德行为和心理，都从社会伦理规范而来。从而，我严格区分伦理（ethics，外在制度、风俗、规约、习惯……）与道德（morality，内在心理，即意志、观念、情感），并认为由前者构建后者，后者反馈作用于前者。这也就是人文（文明）与人性（心理）的辩证关系。历史本体论视人类总体的生存延续为最高的善或“至善”，它既是群体伦理应有的最高规范，也是个体道德追求的最高指向。这些都是非常重要却相当复杂的哲学问题。简单一句话，伦理是外在的规范和风（俗）习（惯），道德是个体的行为和心理。

问： 伦理与道德两词语的区分相当麻烦。

答： 伦理（ethikos）与道德（moralis）两词在中外古今一般都是同义使用，不做或极少区分。而且常常是约定俗成，不做区分。在中文，两词含义和感受倒并不尽相同，“伦”乃外序，“德”乃内心，伦理指外，道德向内。但无论中西，伦理作为群体规范与道德作为个体行为，的确紧密联系，群体规范应表现在个体道德行为和心理上，个体道德行为和心理一般正是群体规范的呈现。虽然有些时候又恰恰是对其背离和反抗，如中国“五四”时期的“提倡新道德、反对旧道德”，就是针对当时位居统治地位的传统伦理规范和风习而言的，但也仍然是两种伦理规范内化为人的观念、情感的冲突。

问：你如此强调两者区分，有必要吗？

答：我以为在理论上有此必要。第一，这个区分有利于澄清好些说不明白的伦理学问题。上文谈Kant，就是想举出一个例子，即“人是目的”（伦理）与“普遍立法”（道德）的不同。第二，明晰表达我的伦理学的一个基本看法，即由外而内、由伦理而道德，这也可称为历史—教育路线。这是我的历史主义人性积淀说哲学的重要部分。

问：那首先得非常明确地规定两词的含义。

答：上面已经讲过。我所用的“伦理”一词包含很广，指的是人类群体或社会，从狭小的原始人群到今天的全人类的公共规范，先后包括了原始的图腾、禁忌、巫术礼仪、迷信律令、宗教教义，一直到后代的法规法律、政治宗教，也包括了各种风俗习惯、常规惯例。它们都属于我所使用的“伦理规范”这个词的范围。总之，伦理规范是群体对个体行为的要求、命令、约束、控制和管辖以及正面提倡，多种多样，繁多复杂。

我所用的“道德”一词，则指个体的自觉行为和心理，从自觉意识一直到无意识的直觉。而且道德不能只是观念，道德不能只是“善念”，而必须还是“善行”，即实践、履行、落实这种善念（观念）。

问：道德这词含义也很广。

答：这是一个值得注意的问题，即我提出“泛化”。在现实生活中各种层次、意义、内容大不相同的道德行为和心理，都被一视同仁地称为道德。“杀身成仁，舍生取义”是道德，不闯红灯、按序排队是道德，宁死不屈是道德，富人捐款是道德，不乱扔垃圾、不随地吐痰也是道德，等等。虽然这些行为和心理都或多或少有某种道德属性（即为他人或公众有某种自我约束、克制或付出），但毕竟差异太大。道德作为可达到牺牲自我生命的主要标志，在这“泛化”用语中被完全掩盖掉了，这使“什么是道德”的讨论变得更加混乱。所以我觉得要特别注意使用日常语言的这一现象。这方面分析哲学可以给我们很多帮助，即注意“道德”这个词语在具体应用上有很不相同的内容和含义。不能在同一个“道德”的词汇下，把许许多多完全不同的道德行为和心理不加区别地混为一谈。

问：这会有什么后果？

答：例如从猴子也有“要求公正”的情绪证明猴子也有道德，以及其他动物的一些包括牺牲个体以维护群体的行为，如此等等。在2014年华东师大讨论班上，我做了“动物有否道德”的专题辩论，虽未展开，但主题很清楚，就是反对当今非常流行的社会生物学。社会生物学认为道德源于生物族类生存竞争所产生的自然本能，并以某些动物存在着个体牺牲以维护群体而使该族类在生存竞争中取胜来作为论证。但我以为如果道德是动物族类自然演化而成的本能和欲望，那就应对该动物族类所有个体具有普遍必然的绝对性，而无个体的选择自由。人类的道德却恰恰是在个体有自觉的选择，保存生命是任何生物族类个体均具有的强大的本能和欲望，人类并不例外。人之所以如此敬重、尊仰、崇拜那些杀身成仁、舍生取义的仁人志士、英杰男女，正是由于他（她）们自觉做到了大多数人做不到的道德行为。自觉地选择牺牲自我，为什么大多数人做不到？因为个体有求生的动物性的强大本能。为什么少数人又做到了？因为他（她）们用更强大的理性观念和意志压倒了这种强大的本能。可见，道德在这里表现为“自由意志”，自己选择、决定、不顾个体生存和其他利益而认为“就应该这样做”而行事。也正由于这少数人物逆生物本能、自然欲望而行，并以此为榜样引领着群体开辟未来，这使得人类的生存延续区别于其他动物。我以为这是中国传统宣扬的伦理学，也是Kant宣扬的伦理学。这种伦理学才真正抓住了人类道德行为和心理的要害，所谓“太上立德”，就是立的这个“德”。因此应该和上面提到的那种泛化的道德区别开来。

所以，我多次提出为什么有时会钦佩甚至赞赏某些宁死不屈的敌人？是钦佩赞赏他（她）们所信奉的观念、规范、命令、信仰吗？不是，因为那些正是我们所反对的。那是什么呢？而是那坚持到底的意志，因为这正是人类历史—教育培养而成为他（她）们所自觉选择的“自由意志”。我们钦佩赞赏的是“自由意志”，这也就是中国人所说的“太上立德”。

当然，有人会说，你怎么能肯定动物就没有这种自觉选择的能力，没有“自由意志”？我非专家，我只是就自然演化的生物本能应该适用于该族类的全部成员来提出质疑。我也不懂为什么社会生物学理论有大量论据，却极少甚至没有谈及这个问题。

2 由外而内

问：那么这种自觉选择的自由性从何而来呢？

答：这就复杂了。这里首先得讲人的一般道德行为和心理，包括那些泛化的在内，从何而来了。

问：请说。

答：不久前，我读到一本有趣的书《道德的起源：美德、利他、羞耻的演化》（*Moral Origins*：*the evolution of virtue*，*altruism*，*and shame*，贾拥民、傅瑞荣译，浙江大学出版社，2015年）。作者克里斯托弗·博姆（Christopher Boehm）是资深教授，数十年观察、研究灵长类动物和人类原始群体的活动，该书采取自然演化的社会生物学视角。但极有意思的是，他的论证研究可以概括为：道德起源于外在群体（包括灵长类动物和原始人类）在生存延续和族类竞争中要求个体的“自我克制”从而产生了道德，道德是个体自我克制的生物机制。

作者一再说，“自我克制的良心是道德起源的第一个里程碑”（第204页），“早在共同祖先（按指人类与某些灵长类）时代就已经出现了一些群体强加给个体的‘规则’了，而在作为共同祖先的后代的人属祖先那里，这种趋势就更加明显了”（第124页）。

尽管书中好些假说如反等级制的平等情感是自然演化而来、平等地分享猎物有助于种族的生存延续而产生道德、脸红表示内在羞愧等基本论点，我以为论据不足并不赞成，当然更不同意作者将“更加明显”的人类道德与灵长类其他动物的所谓“道德”完全混为一谈、毫不区别。但我以为重要的是，作者以大量材料论证了作为道德特征的“自我克制”的内在心理机制是来自外在群体规则，亦即个体道德心理和行为来自外在群体的强迫规范。

其中叙述了个体如不遵守群体规则即被杀戮、惩罚、驱逐（等于死亡）等事例，多次谈论了动物界的“死刑”。同时也强调产生道德是一个漫长的历史过程，“道德的起源本身就是一个缓慢的渐变的过程”（第362页）。

问：你强调道德乃内在心理，该书论及否？

答：该书着重讨论了“良心”问题，认为动物也有“基于恐惧的自我控制”，但“真正强大的良心开始于距今二十五万年前”（第358页），即原始人类群体开始合作捕杀有蹄类大型动物如斑马、羚羊的时期。

作者说，“我将聚焦于良心问题，探讨良心这种独特的自我意识是如何作为惩罚性社会环境导致的结果而出现的”（第20页），作者认为惩罚性的社会选择过程中创造了羞耻的良心，而此“良心内化了那些有利于合作规则……”（第235页），所有这些，不正是我所强调的由伦理而道德，由群体外在规范和要求产生个体内在的道德心理，即人的“内在自然的人化”么？

问：中国儒学倒是最强调人兽之分、人禽之别。

答：这与将人兽道德等同的当今西方伦理学主流的社会生物学恰好背道而驰。我愿意承续传统儒学这一要点。因之尽管我并不同意该书的许多论点、论断和看法，但上述这些材料却很有意义，这些材料的意义，对我来说，即在于它强调从动物界开始直到原始人类，个体“道德”行为也是受群体“规则”所产生的“自我克制”，其中讲分享食物是这些群体外在规则的源头，与荀子讲“礼”起源于分享（食物）很近似，这点非常有趣和重要。

当然，动物也有并非群体规范而内化的族类本能，如潜伏忍耐以伺机捕取猎物，也是一种“自我克制”，但它只联系着个体或子女的生存，可与群体无关，它是动物界更原始的生理本能。

3 否定形式与自我克制

问：这种“自我克制”表现为一种对自身欲求的否定方式，成了道德的标准形态，对否？

答：对。我在《批判》一书和此后的论著都多次提到，人的个体道德是从幼儿时的“不”字（不许抢别人的食品，不许打骂别人……）开始的，中国《礼记·曲礼》也记载了那么多的“不……”和“毋……”，将从儿童到成人的行为、活动、言语、举止、容貌等日常生活规范以否定方式规定得如此之细密严格，显示出“礼”作为伦理规范，对个体行为和心理的道德塑造，使之成为人（“立于礼”）。也就是由外而内，由伦理而道德。

我以为这位洋人作者所指出的其他灵长类动物的类似行为，只是说明了这一由外而内的人类道德行为有其动物祖先的潜在的生物可能性，但正是人类才将其转化性地创造为具有现实性的“礼”（伦理）和“德”（道德）。所谓25万年前猎取大型动物的时期，不正是原始人群大规模地制造、使用工具而需要紧密地分工合作产生社会和理性的时期么？正是从这异常远古的时期开始，产生了人类主体的实践理性，并通过语言中的语义，传递和保存下来，代代相传。群体要求和实践经验成了社会的外在规范，个体内在的道德和认识也由此而萌芽、建立、巩固和发展。

问：好，回到主题。道德最高境界不是牺牲性么？与“自我克制”有何关系？

答：那不正是“自我克制”人的最强烈的生存欲望么？

问：但“自我克制”是强迫性的“由外而内”，而牺牲自我却恰恰是非强迫的自觉选择，这不矛盾么？

答：这是因为这种“自我克制”达到某种高度的内化境地，即某些人已将它达到无意识地忘我弃生的程度，甚至达到欣欣然地“毋意、毋必、毋固、毋我”的美学境界。杀身成仁，舍生取义，“虽千万人，吾往矣”，毫无被迫强制的感受，觉得理应如此（“应该”），就这么做了（自觉选择），这就需要依靠长期的培育锻炼，绝非自发生出，所以远非每个人都能做到。圣贤豪杰英雄之所以区别于常人，也在于此。但即使圣贤豪杰，当他（她）们作出这种自我选择的“自由意志”时，也还是有这种强迫自己服从理性律令的心理活动，只是表现为“自觉自愿”的“定式”，有的甚至达到高于意识水平的直觉性的所谓“良知”“良能”。

问：你为什么要以这本讲生物的书来谈专属于人的道德问题？

答：因为这本书强调论证良心（conscience）、自觉意识（self-conciousness）、羞耻（shame）等，都源自群体规范，这就以生物科学的实证例证，堵塞住道德作为良心、良知、良能，来自天授、天理、天命，来自先验理性这一至今占据统治地位的中外各种理论，从基督教的神定论、康德的纯粹实践理性到中国的宋明理学和当代各派儒学理论。社会生物学和先验人性论一拍即合，是当今伦理学的特色和主流。

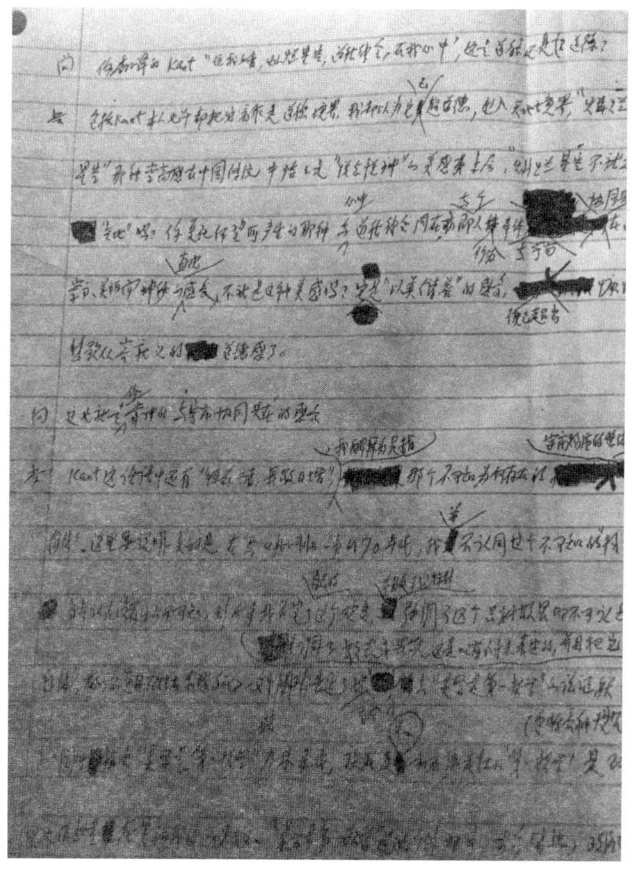

《伦理学新说述要》手稿

问：为何提及儒学？

答：我愿特别提出的一点是，这个由外到内、由伦理到道德，都有一个严厉强迫的过程和性质。就自然生物说，有如这位作者论证，个体的“自我克制”得来并不容易，需要群体的严厉惩罚和杀戮，并经由极其漫长的时期才逐渐形成。就中国传统说，被学人忽视的是，远古的巫术礼仪到三代特别是周代的礼仪规范，也是与严厉的惩罚直接相连接的。“不孝”“不友”都将以严刑峻法处置，所谓德治、礼治，在开始时期是建立在习惯法的严厉惩罚之上的。后世特别是今人误以为“礼”就是温情脉脉的揖让进退，其实恰好相反。

问：《论语·八佾》中说：“周人以栗，曰：使民战栗。”

答：这一直要到礼坏乐崩，孔子释礼归仁之后，礼出自内心仁爱的理论和面貌才被塑造出来。孔子回答“使民战栗”问题时说，“成事不说，遂事不谏，既往不咎”，过去的事就不要再提了，这正是孔子释礼归仁的贡献。我有过一个也许很不恰当的比拟，有如《圣经·旧约》显示对耶和华的“畏”，而《圣经·新约》却突出耶稣的“爱”，周、孔有此类似处。但孟子把它发展成伦理道德都由“恻隐之心”生发出来，就过头了。伦理道德变为由内向外途径，特别到了宋明理学将之形上化之后，完成了先验人性论就完全不对了，这后面可能还要讲到。

总之，我以为，内在道德的良知良能，归根到底是来自外在群体的严格和严厉的伦理命令。至今对儿童的道德教育，从家庭到学校，仍然免不了一定的强迫因素。我以为这是必要的和重要的。所以重视“由外而内”有其现实意义。我记得我也引用过人类学家克利福德·格尔茨（C. Geertz）的话：“文化最好不要被看作就是那些具体行为模式，如风俗习惯、传统等等，而要看作是一套统治行为的控制机制。人正是这套人身之外的控制机制指挥其行为的动物。”（《文化的解释》第2章）Kant将“文化—道德的人”作为整个自然的最终目的，不正是讲这个“由外而内”，由伦理机制所指向的人的道德行为么？！

4 康德与黑格尔

问：你这伦理道德两词语的区分及其意义，倒也简明扼要。

答：以前和今日也一直有人做区分，例如认为共同而非自觉的风俗习惯属于道德，伦理则是自觉的制度性的理性约束，伦理是社会性的习俗，道德是个体的义务、责任；以及区分为前理性、理性、后理性等等。实际上仍然是将二者混为一谈。

又如，我在《回应桑德尔及其他》一书指出桑德尔（M. Sandel）所举的许多事例，就没有清楚区分何者是与制度相关的政府行为、方案、决策的伦理，何者为涉及个人行为、心理的道德。将政府行为与个人行为混在一起，便很难讲清楚。再重复一次，伦理是外在的制度、风习、秩序、规范、准则，道德一般是个体遵循、履行这些制度、习俗、秩序、规范、准则的行为，亦即义务和责任。但义务或责任并非道德行为的心理特征。包括Hegel也区分了伦理与道德，但他把道德看作只是抽象的普遍原则，而根本没注意和重视道德作为非常具体的个体心理结构形式的重要性，从而这区分与我也根本不同。

问：你引用了上述达尔文主义作者的看法，是否完全同意达尔文的理论呢?

答: 否。达尔文没有重视人类不只是自然进化的动物，更是制造、使用工具而生存从而产生理性和社会的动物。

因之，达尔文的许多论断，如Christopher Boehm所引用的话："动物不管是什么，都与人类一样，……只要它的智力能够得到良好的发展，或接近良好的发展，就不可避免地产生道德的言行。"（《人类的由来》）数百万年的历史证明并非如此。所谓"智力""良好的发展"等词语，便非常含混模糊，许多灵长类动物自然进化已数百万年，至今也没有什么父慈子孝、兄友弟恭、自由平等、个体人权等等道德行为和心理。

问: 你为什么提及Hegel?

答: 因为我的区分，也可以说来自哲学史上Kant与Hegel的区别。他们都是从人类讲说，Hegel是从宏观历史学（历史哲学）的角度讲伦理道德，讲了家庭、市民社会、国家等等，即各种变易着的社会伦理的群体规范，但完全不谈并忽视个体道德行为所必须具备的心理形式；相反，Kant则是从道德行为的心理特征（心理哲学）的角度讲伦理道德，强调实践理性的意志（详见后节）即"绝对律令"作为道德心理的特征，而未深入论及它们来自外在群体的根源。我认为这倒恰好可以作为伦理与道德的区分。于是便出现两者关系的问题，也就是这道德由内向外产生伦理呢，还是伦理由外向内形成了道德?从而，是人生下来就有普遍的、先验的"善端"道德呢?还是这所谓"善端"也主要靠后天培育而成呢?先秦孟、荀性善性恶之争，就与此相关。

问：但伦理学一般都是把规范、风习等作为伦理，指外在社会的要求、约束等等，而义务、责任等则归于道德。

答：对。但这些义务、责任等等个体的行为，是随着社会的规范、风习的变迁改易而变迁改易的，个体这些行为的心理也如此，表现为遵循或反抗这些规范及风习，例如在美国个体没有养老的义务和责任，养老的责任主要由政府从每个人工作时必须征纳款项来承担，中国依从传统，有法律规定子女有一定的养老义务。现在一些学人也强调养老应学西方。那么对个体来说，什么是道德，在这一具体的义务、责任上便会有极不相同的心理感受和行为，因而从义务、责任来确定道德，仍然只是一种伦理规范的确认，而不是个体内在心理这一重要方面。

问：伦理学一般要讲到所谓公共领域与私人领域，这与你两分有否关系？

答：这与伦理道德二分无关。因为不管私人领域（如个人信仰等等）或公共领域（如不闯红灯、遵守秩序等等），都有外在教义、规约（伦理）与内在心理（道德），并且都是由外而内、由强迫强制而自觉自愿直到直觉的“习惯”过程。

问：好些学人认为公共领域直接涉及政治、法律，不算道德。

答：不对。恰恰那是现代社会性道德，即所谓“公德”。不遵守公共规约闯红灯、插队等等，即使没人阻止或指责，也常有自我愧疚的感觉，这难道不是道德心理么？与私人领域中由违反宗教教义或某种习俗感到的羞愧心，可能有各种程度的不同，但基本心理定式、框架是一样的。例如，多次提到的妇女贞操问题，义务和责任古今就很不一样，甚至同一时代，各地区各文化也很不相同。如果不对道德心理中各要素的关系、结构、定式、框架及其中的协同、离异、矛盾和剧烈冲突即外在伦理规范和内在道德心理的复杂关系进行深入探求，就会严重掩蔽和忽视人文和人性中的深刻内涵；如果不能作出理论上的重要论证，不能解释和解决现实生活道德行为中许多难题，包括到底是情感还是理性作为道德行为的动力，什么是道德行为中的自由特征等问题仍束之高阁，留下的就只是一大堆文学艺术中的细致描述罢了。

问：那么你的伦理学新说讲道德是否还要讲义务、责任呢？

答：最多提及，不会多讲。因为什么是这些道德中的义务、责任，正如什么是伦理中的规范、准则一样，都应由各种不同的规范伦理学来谈。在这一方面，我非常赞同Hegel、马克思（Marx）和文化人类学的伦理相对主义的观点，有如Hegel所强调，具体的意志自由必须与特定历史时期的家庭、国家、市民社会的个体道义、责任相联系。但如上所再三提及，其缺点在于忽视了道德心理形式即由积淀而来的“自由意志”的心理结构的绝对性，所以才做此伦理与道德的二分并从Kant讲起。

问：一般伦理学也总要讲到如“己所不欲，勿施于人”的“黄金定律”，讨论它与“己之所欲，便施于人”“己欲立而立人，己欲达而达人”的差异等，更具体的就要涉及家庭、婚姻、国家、政治（如“消极自由”与“积极自由”）等，你却一字未谈。

答：上面已讲明白了。它们在两德论中也许有所涉及，但仍然只是指出它们均为历史的产物，有的变化很大，如婚姻、女权等，有的变迁较小，如黄金定律，但并不讨论它们的来源、理由和各种具体落实。仍然只是指出它们由外而内，而非由内而外。

问：你在华东师大讨论班上谈到著名教育心理学家科尔伯格（L. Kohlberg）的儿童道德发展三水平说，即首先是怕罚，其次是自觉遵守规范，最后才是直觉或“普遍立法”的“自由意志”。

答：我当时便说，不仅儿童而且成人也有此三水平，这位心理学家的经验研究的实证谈论，恰恰与本章开头引用的灵长类和原始人类的材料相呼应，一再证实着我的论点。

问：你所重视的仍然是“内在自然的人化”，即动物心理如何人化亦即人性问题。

答：对。人是动物又不是动物，这是我的哲学，所以重视人性问题，这并不是把伦理归结心理，更不是把伦理学归结为心理学，伦理学有其外在方面，即政治哲学、规范伦理学，这里不过是强调伦理学还有内在心理方面的形式结构，以及谁主谁从，社会伦理如何成为个体道德等重要问题。这也就是下章展开的三要素问题。

第二章

道德三要素（意志、观念、情感）说

1 “自由意志”与意志

问：为何从意志开始谈道德心理？

答：因为它最重要，本书一开头就从Kant的“自由意志”谈起。

问：仍然先要明确这两个词的异同？

答：这本身就是个问题。

问：为什么？

答：一个（“自由意志”）是哲学词汇，一个（意志）是日常用语和经验心理学词汇。

问：但“自由意志”也是日常词汇呀，特别是人工智能近年突显后，争论人工智能能否会有“自由意志”已成为热门话题。

答：也正因为此，首先得要厘清词语的含义。自由是什么？何谓自由，这问题就不清楚。“自由”一词，在日常语言和生活中，在经济、政治、科技、哲学各领域中，其含义都不尽同，它们只是家族类似，不能等同使用。大多数科学家反对人工智能会有“自由意志”，他们认为人的一切行为、包括道德行为在内，都是脑神经元和突触事先决定了的，人的一抬手一举足，也并非自觉的“自由意志”。20世纪80年代早期，本杰明·里贝特（Benjamin Libet）便证明人想挥手腕前半秒钟便有神经活动，看来是“自由意志”（自己决定），其实自己却已是被决定了的（已先有神经活动）。

我不是科学家，没资格参与这种讨论。但我以为，“自由意志”作为个体事实属于社会价值，与脑神经的科学研究无直接关系。“自由意志”不是一个自然科学问题，而主要是一个哲学伦理学问题。

问：如何讲?

答：两百年前Kant已讲得相当准确。Kant认为，如同上帝存在、灵魂不朽一样，“自由意志”是一个有关“本体”（noumenon）的先验幻象，而并不与人和世界的经验存在即现象界相关。现象界是因果律支配一切，即一切现象均有因果，包括人的任何意志也脱离不了因果律的支配。只有在迥然不同于现象界的本体中，人才有自由。“本体”在Kant那里，就是超人类的实践理性。这里摘抄《批判》：

> 要注意的是，Kant所谓自由，并非说在现实世界中有超出自然因果关系的自由。任何行为作为理论理性的对象，即作为思维、认识的对象，是探求其因果性的问题，即探求这件事发生的原因和规律，是对事实的表达或预测，受着严格的因果律的规定和支配，这里丝毫没有自由可言。这一方面也正好是法国唯物主义强调的方面。法国唯物主义认为，人的一切行为都是机械必然地受因果规律所制约，根本没有什么自由。霍尔巴

赫（Holbach）认为，一个人被人从窗口抛下与自己跳下去完全一样，都是必然的。所谓意志，受同样必然的因果规律所制约。Kant认为，如根据这种观点，便可以得出一切道德、法律等等都无意义的结论。因为责备一件不道德的行为就等于责备一块石头为何落地伤人一样。Kant曾举例说，如果这样，那任何犯罪的人都可以用他的行为是受因果律支配，即他的行为有客观原因来为自己辩护。一切不道德或犯罪都是由环境、条件、个性、习惯……所必然决定，自己并无责任，那么一切刑罚责难便没有必要存在了。Kant的自由论就是为了与这种机械唯物主义相斗争。在Kant看来，作为认识的客观对象，一切行为的确均有原因，是在时间中运行从而受因果律支配。但作为有理性的主体，Kant强调，这同一件行为就有很大不同，存在着是否服从道德律令的问题。人在做任何一件行为时，只要不是精神失常，都是在具有自觉意识的意志支配下去做的，这里便面临着“意志自律”，具有决定和选择的自由。可以做也可以不做，可以这样做也可以那样做。尽管最终怎样做了是可以从因果律中找到原因，但在当时决定和选择，却是自由的，是可以决定和选择遵循或不遵循道德律令的。因此他对自己的这个行为便负有道德上的责任。因为他可以不管情况如何，不管任何内在或外在的条件制约和压迫，而决心按道德律令行事，“他由于觉得自己应行某事，就能够实行某事，并且亲身体会到自己原是自由的”。人不同于机器，不同于自然界，不同于动物，不是盲目地或机械地受因果律支配，全在于他的行为是经过自己自觉意志来选择决定的。意志也就是对自己行为的抉择，自由选择便成了问题要害所在。这也就是自由。Kant强调，人作为感性现象界的存在，从属于时间条件，他的任何行为、活动和意志不过是自然机械系统的一个部分，遵循着严格的因果规律；但人作为本体的理性存在，可意识到自己是不属于时间条件的，他的这同一行为、活动和意志只服从于理性的自我立法。而道德优于认识，本体高于现象，自由可以作为原因干预自然，所以Kant强调，我“能做”是因为我“应做”。“能做”属于自然因果，“应做”就属于自由。

问：这强调作为意志自律的“自由意志”是一个伦理学问题。即在群体生存延续中的个体行为的价值问题，与自然科学研究的脑神经元和突触导致的身体活动属于不同的领域。

答：如我以前所指出，一个人杀人和自杀或任何善恶行为，包括属于法律范畴的各种犯罪，都有其原因，都由因果律所支配。当然，因果律并不能等同于决定论，其中包含着更多的偶然性、概率性、循环性，等等，在现象上则呈现为“选择性”。尽管人的行为的各种不同和对立的选择都可以找出其先天或后天的原因，但在当时，这个“选择”却具有重大的伦理学的意义，即必须厘定这个行为对社会群体的生存延续所带来的或产生的正负面价值的效应，这些效应是由不同的自觉选择所作出的，从而“自觉选择”便成了意志自律，即“自由意志”的核心。是选择死还是活，是选择服从道德律令（一般都是当时社会的伦理规范）还是相反，所以，Kant认为“自由离开了道德就远远不能被人感到”，“只有道德才给我们初次发现出自由意志概念来”（《实践理性批判》）。

再引一段《批判》：

> Kant《道德形而上学》中曾明确指出意志的两个含义。一个是Wille，指实践理性自身。一个是Willkür，指行为的自觉意识。前一个是普遍立法的意志，后一个是个体执行的意志。前一个无后一个，等于只有立法而无执行，便是空洞的；后一个无前一个，便失去其道德意义而不能成立。只有Willkür将Wille当作法令接受而执行时，意志才成立。

所谓Wille，所谓自己立法的意志也就是可“普遍立法”的“实践理性自身”，我认为它主要是指道德心理第一要素意志以及其中含有的观念。这观念在履行者或执行者看来，是可“普遍立法”的原理原则，虽然实际并不如此，因为它是随时代社会以及文化传统的不同而不同而变异，因为并没有超越具体时空的可“普遍立法”的绝对性的观念，我在《批判》中把Kant的“普遍必然性”改称为“客观社会性”就由于此。但Willkür则大不相同，它突出的是三要素中的意志本身，它执行观念，古今同一，并无变化，因为它是人类百万年积淀下来的心理形式（结构、定式、框架），不管人类任何时代、文化所作的伦理规范，都需要这个不变的意志力量才可能去履行，所以我认为它是三要素中的主要角色。所以要首先明确提出。

问：也如你所说，它不是自然本能，生来就有，虽有时似乎是直觉行动，但也并非天赐的先验动力，它仍然是广义教育的成果，而且绝大多数是需要长期的艰苦锻炼才能获有。

答：这些以后还要讲到。此外，以后还要讲，观念是变化的，但某些观念它们正是随同这种意志力量并作为其内容而积淀下来。例如，“忠”这个观念和与之相连的情感，其具体对象可以变，由忠于友、忠于君、忠于国到忠于人民；“信”这个观念和与之相连的情感，由过去的“与朋友交，而不信乎”，变而为后代商务贸易往来中的诚信如“童叟不欺”，再变而为如今的遵守契约，作为内容的观念虽变了，这个情理结构的心理形式却与意志力量粘连一起积淀下来而仍然保存，成为定式、框架，超越了特定时空。这不是什么“绝对伦理”，而是绝对的道德形式中所积累所积淀的观念与情感，这种观念和情感是依附在道德心理形式的这些定式、框架、结构之上并与此形成结构并存的“抽象的”理性，而非具有特定时代、社会内容的具体观念和情感，如忠于首领，忠于人民，忠于圣战，信守誓言，保守契约，信守友谊，等等。这个“忠”“信”好像只是理性的观念，其实它们已融化为一种感性的心理定式或框架了，它们与忠于“谁”相结合，才成为真正现实的观念内容。“忠”“信”在这里只是一种绝对性的道德结构和形式，这也就是Kant所说的可“普遍立法”的“自由意志”。意志也因为有这些近似的虽大有变易却又有共同处的观念内容，永不割离的不断积淀，才使那“普遍立法”的“自由意志”的理性形式建构不至空洞而成为虚无。文化人类学的大量材料证明，不同地区、不同文化、不同宗教等等，各有其巨大的差异甚至冲突的道德观念，但同时又仍有许多的共同点，即维持作为人类所共同拥有的群体生存延续的同样要求。例如，Kant伦理学那著名的“不说谎”，虽然并不具有无往不适的、绝对的普遍必然性，但一般说来，却又仍然为不同宗教、文化、民族的人类群体内部生存延续所必需，从普遍地教育儿童不说谎到各种宗教不打诳语的严格教义，都证明如此。诚恳、诚实、诚信，成了各不同文化、宗教、传统所公认的美德观念，而且经常加以神圣化。这也就是相对逐渐形成绝对，变中有不变者在的历史的内在积累性。这也是我很早便开始讲的社会的变为个体的，历史的变为心理的，理性的变为感性的，这也就是经验变先验，历史建理性，心理成本体。

问：回到开头提出的“自由意志”与“意志”两词的含义。你似乎是以经验心理来解说Kant的先验理性，以实用理性来替代Kant的先验理性。

答：自由意志是哲学、伦理学的问题，意志则是日常经验的问题。只有这样，哲学也才不虚玄化。体育锻炼、各种学习中也需要意志力量与坚持，但它们与伦理学自由意志、自觉选择无关。而这些其他领域中的意志培育却又可以有助于道德中自由意志的实现。总之，说它是一种人性能力，这能力不是天生或天分，而是教育、培养的成果。

问：你不是说Kant和你自己讲的是哲学伦理学么，怎么又扯到经验心理和日常生活用词？

答：先验必须落实到经验，自觉选择性的道德自律或“自由意志”的实现，仍然需要日常生活中意志这种人性能力的培育和教养。Kant认为现象界的认识因果不能上升为本体，但本体可以干预现象。上节已讲，道德是做不做的行为，认识“应做”而不做，不能构成道德。Kant和当今好些学者，把“应该”（ought to）和“能够”（can）混同，或认为应该做就能够做，这些都是不符合实际情况的。这也就是我要提出和强调日常生活中的意志力量在道德心理中位居首要的原因。

问：这点很重要，请再重复一下。

答：Kant认为“应做”就一定“能做”，有Wille就有Willkür，但实际上在道德领域，人们经常知道“应该”去做却“不能”去做，自古至今，比比皆然，特别是在生死关头的自觉选择，“千古艰难惟一死，伤心岂独息夫人”。奥古斯丁（Augustinus）也早就指出了这一点，认为只有请求上帝来帮助自己，才能够去做。

问：但日常生活中讲的道德并不一定如此。如你上面讲过的“泛化”的道德观念：不乱扔垃圾、富人捐善款等等。

答：这些在Kant看来，也许只能算依据外在他律行事，谈不上可与宇宙争光的“绝对律令”。

问：你的看法呢？

答：我承认它们仍可算道德，虽然是遵守外在的规范、秩序、要求行事，但其中总有“自我克制”的内在自觉的心理选择的特征，虽然不是Kant和中国儒学所追求的那种人格理想和人生境界。

2 观　念

问：总之，你认为作为日常语言和经验心理的意志是哲学伦理学的自由意志的实在根基，对吧？

答：也可以这么说。

问：你这经验的意志当然是“认识到而决心如此做（或不做）”，是理性而非本能，是知道如何做（knowing how）而且去做。但既有“认知”（knowing）在内，“认知”总是认知某种具体行动，有具体内容，为何说它只是形式？

答：所谓“形式”除其中含有亚里士多德（Aristotle）的“形式因”的动力含义外，主要是指它只是一种人为的或人化的心理结构，是决定去做而且做了的行动力量，它的内容是观念，这刚才讲过了。

问：这“内容方面”是观念，当然也属于理性。

答：观念就是你所认同或服从的伦理规范、教义、法律、秩序、风俗、习惯等以及由它们产生或形成的善恶是非的标准，它们一般以概念出现的思想、意见、学说、道理呈现和存留在人们的头脑中，有些可以变成某种潜意识，但仍然是理性的产物，虽然经常与情感相联结渗透在一起。

问：这就要涉及善恶、是非等大问题了。

答：它们都属于我所说三要素的“观念”要素。

问：你把意志和观念分开，一是理性形式，一是理性内容，内容（观念）有各种变化迁移，却始终依存此形式（意志）而实现。前述“9·11”例子，救火队员与恐怖分子观念敌对，意志却相同，对吗？

答：对。已说过很多次了。

问：绝大部分地区的人民都斥责恐怖分子和拉登，极少数地区却尊之为英雄，可见，证明善恶、是非的观念有巨大差异。

答：这就是现代社会性道德的观念与传统宗教性道德观念的差异和严重冲突。

问：前者对，后者错。所以你认为人类的共同观念是有进步的，即你说的历史的积累性。历史经验亦即人类生存生活使人们的观念在变迁在进步。如你举过的女权问题。

答：对。上面也讲过了，恐怖分子与救火队员的观念中又有某种共同的成分，如“忠”：救火队员忠诚于现代社会性的职业道德，恐怖分子也忠诚于他们所信奉的被歪曲了的伊斯兰圣战观念。

问：所以你才说不变的意志形式总与某种变迁或不变的观念内容在一起，才具体地不断构建着人类心理的形式、结构、定式、框架。

答：所以，意志才不是空洞的，不变的观念是变迁的观念依附在意志中而存留下来，这形式和定式才可以避免Hegel对Kant的批评。Kant提出的是“自由意志”的“普遍立法”的心理特征，但未注意观念内容，他所提出的“不说谎”等观念内容却又恰恰并不能无往不适、普遍立法。

问：你说Hegel注意到了这点，他提出家庭、社会、国家等具体且变迁着的社会情况和观念，但又没注意到道德行为的意志形式的心理，Hegel的伦理学属于历史，没讲心理，Marx也如此。

答：所以我提出伦理学应分成两大部分，一是规范伦理学，包括政治哲学，讲求探究社会规范（伦理）和个体的义务、责任（道德），二是道德心理学，讲求探究个体道德行为心理，即我提出的道德三要素的意志、观念和情感以及它们如何履行伦理规范要求的个人义务、责任等等，把这三者（意志、观念和情感）混同一气，讲不清楚。将伦理与道德混同一气，更讲不清楚。好些人经常把这五者（伦理、道德、意志、观念、情感）混同一气，就更是一塌糊涂了。

问：现在政治哲学和规范伦理学是伦理学主流，讨论、研究的是道德准则、规范如何得来，有何特征和效用，从而个体或群体、理性与非理性、自由与平等、多元与一元、合理性、透明性，什么是“好生活”“共同善”“什么是幸福”等等，以及这些概念的厘定和内容。

答：可惜这都不属于本文或本书范围，它们非常复杂，需要专门的仔细的具体研究，远非我这里所能和所应谈及，这里只能用一句话来表达，即是反复提过的“历史主义”，一切道德规范、准则以及其各种理念、思想、学说，都是历史地形成，从而必须历史地考察和研究讨论。它们统统都属于我提出的三要素的“观念”要素，它的确是所有道德行为和道德心理的内容，都不在我现在的讨论范围，我提出的是更基础的心理框架、形式问题，尽量避免把这些基础问题与各种规范由来、效应问题混在一起。在后面讲两德论，也只能触及边缘，也不能作具体研讨。

问：但你总得谈谈善恶问题吧，即使不提各种具体伦理规范、准则如何谈论善恶，善恶都总是伦理学包括道德心理的首要课题之一，属于你讲的“观念”要素，而性善性恶这始终是伦理学和道德心理的一大难题，善恶既是“观念”要素，就从此谈开吧。

答：可以。人性善是中国传统，孟子倡之，后儒和之，启蒙读物《三字经》传播之，当代西方社会生物学更以动物也有道德发扬之（可参阅Edwavd. O. Wilson的著作以及Donald J. Munro，*A Chinese Ethics for the New Century*，香港中文大学，2005年版），形成了今日伦理学的主流。当然其中仍有自然人性论和先验人性论的分别。

问：何谓也?

答：动物本就有互相抚育、亲爱、合作、互助等族类本能，表现在行动上，也就有与人类相似甚或“相同”的“道德”现象。所以上节我谈过“动物有否道德”的讨论，参与讨论的大多数不同意动物有道德，认为那只是某种与人类道德行为相似的本能活动，并非有意识的自觉的理性主宰的行为。因为动物没有理性的观念，没有概念和语言。

问：你上面讲中国儒学中从一开始就从道德上强调人兽之分、人禽之别。

答：所以与孟旦（Donald J. Munro）不同，中国哲学讲人性善、讲“恻隐之心”，并非动物本能，而认为这是上天赐予人的一种先于经验的“德性”。宋明儒学更是大讲特讲这一点，认为人性善的性即是“理”，是“天地之性”“义理之性”，而区别于“气质之性”“食色性也”的“性”，虽然属于同一个心，但前面是“道心”，后面是“人心”，“道心”必须主宰“人心”，才能实现这个“人性善”。也就是“天理”必须主宰管控“人欲”，才能性善。因之所谓“天命之谓性”便被宋明理学说成是上天神明特别赐予人类的这个“善”性。当今港台新儒家，更用西方哲学方式突出论证了这一点，这就是先验人性（善）论。

问：你说过，群居动物族类既有所谓“性善”的一面，但也有“性恶”的一面，如相互争夺、抢劫、厮咬、杀戮这些凶残本能，这也就是荀子要强调的“性恶”，认为其善者，人为也（“伪也”）。

答：我以为孟、荀对立的实际依据就是动物本能的这两个不同的方面，孟子特别是宋儒把它提升到天命之类的高度，使之甩开了动物性。因之所谓以“性善”或宋儒所谓“天地之性”“义理之性”，由此成了远远高于人类的天的赐予、旨意或命令了。

问：荀子没有这样。没有把动物的恶提到先验的高度。

答：西方基督教倒这样做了，如包括Kant也相信的所谓“绝对恶”就如此。这也不是指动物凶残而是指甚至上帝便有的恶，指

“自由意志”（自觉选择吃了不应吃的伊甸园的苹果），以及“原罪”（人生下来便有原罪）等等，也与动物本性无关，而是不可避免甚至不可理解的神意、天赐。

问：这是些说理盈筐的玄奥神秘的神学课题。

答：所以这里也无法详加评说。有趣的是这种种中西传统的先验人性善恶论与当今社会生物学的动物道德说、自然人性说相当一致，可说殊途同归。

问：同归于什么？

答：同归于脱离人类的历史进程，忽视或否定人是历史的产物，否定历史在内外的积累性。

问：你的看法是什么？

答：我主张的是人类学历史本体论，强调人性善恶的历史性，即具体性和积累性，以及偶然性。

问：何谓也？

答：善恶首先是一种具体的历史观念，它通由社会伦理规范而进入个体心理，形成了一定时空条件下的善恶观念。我多次举过杀老弃老与养老敬老的不同善恶观念。在粮食不足以维持群体生存的时代，弃老杀老是请老人早日进入天国的“善”；在今日就不如此。妇女自焚（殉夫）、溺杀女婴等在男权至上的地区和文化中并不被视为“恶”，平等、自由、博爱也不被视为“善”，如此等等。总之，善恶作为观念，是变迁的，是有具体历史性的。

问：但道德沦丧是今天的共识。

答：这倒是老生常谈。第一，人类道德是否在整体倒退？不然。“人心不古，道德沦丧”其实已经喊了几千年，先秦韩非便尖锐驳斥过这一论调。我也引用过唐朝魏徵说的，如真是如此，人早变成鬼了。就总体说，人类的社会伦理和个体道德都在进步。主要是因为人的观念及与之紧相联系的情感有变化、有进步，例如自由主义倡导突显的个体自由、人格尊严、独立自主，包括妇女的人权平等，便极大地推进了社会生活的改善和发展，使整体社会道德水平也远超以往年代。第二，在社会前进的转型时期，“道德沦丧”之所以突出，是因为这种现代新秩序新道德尚未真正建立，而旧秩序旧道德却日益崩毁，人们行为活动失去了可遵循的规范准则而花样百出、美丑并行，特别是陈腐的旧观念旧秩序却通过新形式造成了各种日常行为、活动中的扭曲和丑陋，更使人难以接受、不可相信和无所适从，以致造成道德虚空。第三，今天人们对权钱交易、贪污腐败和官本位特别愤恨，就不是M. Sandel讲的等价交换的市场对道德一般侵害的问题，而是传统体制中的“封建”特权霸占市场、垄断交易进行“超经济剥削”（Marx）即前市场行为的问题，但它们可以通过市场交易的形式畅行无阻地出现。而这主要就是因为现代社会性道德尚未能落实在法律上，特权行为可以任意作为。无法可循、有法不依和执法不严，才是今天面临的问题。由于中国是第二、第三混在一起，情况便更为复杂、严重。前现代与现代交错，使道德标准混乱，败坏分外突显。

问：汉娜·阿伦特（Hannah Arendt）提出“平庸之恶”，你如何理解？

答：我以为所谓“平庸之恶”就是愚昧地、盲目地遵循某种社会的、宗教的、政治的旧有伦理规范或准则，甚至明知不对而接受、顺从、服务和履行其“绝对命令”，亦即中国儒家所讲的“愚忠愚孝”，所以我在那张“伦理学总览表”（见下图）中特地画了由“理”到“礼”的虚线，即肯定、赞同、表扬反抗这种“平庸之恶”的行为和思想意识，其实也就是Kant所说的，应该发扬自己的理性来判断、不盲从不迷信的启蒙主义，我之所以肯定和赞扬“五四”，也如此。如陈独秀所言，用新道德反抗旧道德，抵制已经泛滥数百年被视为理所当然的“平庸之恶”。

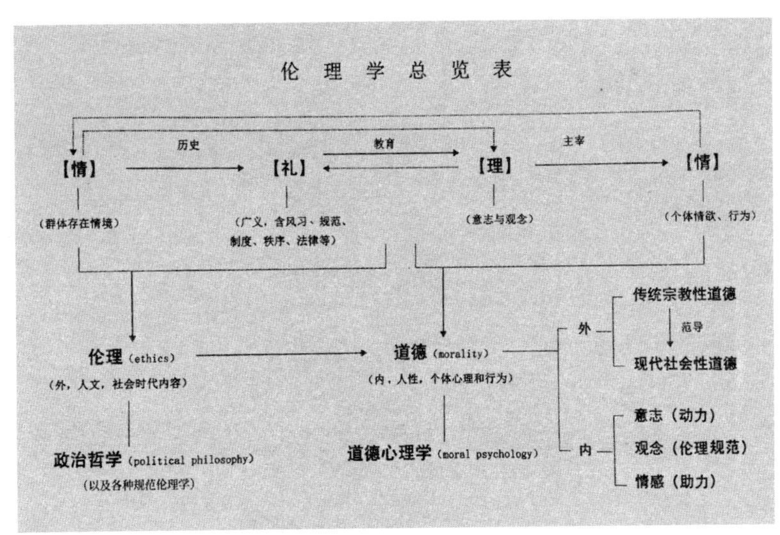

伦理学总览表

问：你将人类的生存进展作为“至善”？

答：对，这一点很重要，“至善”或“善”的来源、本质，不再是上帝、神明、圣人、超人类的纯粹理性，而是非常具体的人类作为动物族类的感性生命总体。它使价值的根源不再是上帝或理性，从而伦理道德上的“应该”（ought to）和事实（is，历史进程）在源头上不再分割。这样，善恶观念的历史具体性和积累性（进步性）就非常清楚。人类学历史本体论强调is与ought to在本源上的一致，亦即事实与价值在人类生存延续这一本体论上的同源和一致。

问：但你又讲历史与伦理的矛盾、二律背反。

答：历史是复杂的，进步也是曲折迂回的，上面是就人类百万年的历史总体说，就群体说，历史进程高于个体道德；就个体说，太上立德高于立功立言，这里面便有许多复杂而深刻的矛盾，我以前在讲历史人物评论时讲过这点。

问：你如何说的?

答：“歌其功而不颂其德”，理知认识、情感附与都应作某种“度”的把握分合。

3 情　感

问：道德心理你已讲了意志和观念，一是理性形式，一是理性内容，认为这两种要素都含有认识、意识、自觉，现在该谈到作为第三要素的情感了。

答：于是我们便终于碰到了道德心理的难题和核心了，也就是Kant的理性主义和Hume的情感主义的分歧。

问：与Kant的理性主义相反，Hume是情感主义，理性是情感的奴仆乃Hume名言。孟子的“恻隐之心”也将情感（同情）作为道德出发点，社会生物学家从动物出发，当然更如此。

答：2007年1月29日《时代周刊》（*Time*）有一篇题为《我们如何做出生死抉择》的短文，也很有意思。该文说，根据近来脑科学大脑扫描研究，是情感决定了人的一般行为选择。只有在脑内与抽象思维和认识控制相连区域的活动水平加强并占优势时，才做出相反决定。该文配图以一列火车开来，如不转闸换轨即将撞死五人，而换轨则将撞死自己所爱的一人或某一无辜的人，除非功利主义伦理学（亦即理性的社会认识或法则）告知和命令死五不如死一，人们一般不会去转闸换轨而宁肯袖手旁观。可见人的行为、道德的根基是情感而非理性，还是Hume正确。

问：这是那著名的有轨电车案例的复述。照这种说法，人的行为和道德完全是本能性或非意识性的了，根本无需人性能力、道德良心、自由意志了。

答：这与我所说Kant强调人性能力完全相反。我以为刚才讲的那个例子倒恰好说明，即使并不一定是“善”或“对”，但决定改闸换轨，这一坚决执行理性命令不顾感情私利的抉择，正是“自由意志”和人性能力的展示，而为动物所不能。在战争中为掩护集体安全而闷杀啼哭的亲生婴儿，不被谴责而受赞扬，也以此故。中国传统讲的“大义灭亲”“毁家纾难”等等也是如此。这都属于特殊或极端的情况。社会性的理性命令高于个体的经验感情，只有这样，群体才能存在，群体中的个体也才能存在，即使牺牲某个个体也必须如此，这就是伦理道德。当然在一般和更多的情况中，是履行道德的义务常常以某种积极的、肯定性的情感，如同情、爱、怜惜等等来作为帮助力量，特别在“泛化”了的道德观念中。在这一点上，Hume是有道理的。在这里，情感与理性便合二而一，而理性似乎只是情感的奴隶了。

问：所以你以Kant为主，辅以Hume，理性为主（理主宰情），情感为辅，既强调情感并非道德的必要条件，也非充分条件，并以“9·11”为证，又说那是特殊情况，一般则两者同行，如所说的“泛化”中。

答：由于特殊情况的生死关头最能体现道德的本质特征，即理（礼）主宰情而灭欲，消灭生存这个生物体的最大本能和欲望。

在“泛化”中不大容易看到，最多只是刚才说过的“自我克制”而已。所以反而这种“特殊”情况显示道德的心理特征。

问：你讲的情感要素是否即道德情感?

答：非也。道德情感是一个非常复杂而多歧义的问题，有道德行为前的感情（如同情心）、道德行为中的情感（如自豪感）、道德行为后自己和他人以及后人的情感（如敬重感）。我这里讲的情感要素当然主要指同情心、恻隐之心、博爱等正面感情，但也不排斥并且还包括许多负面的情感如仇恨、愤怒、憎恶（如对坏人坏事）的情感；道德情感多种多样，交错繁复，所有这些都需要道德心理学作专门的研究说明，不在本书范围内。

4 直觉问题

问：除了理、情外，道德行为有时还表现为一种直觉性的行为，即根本没有去考虑（理），也不显现情感的冲动。直觉说是中外著名的伦理学说。

答：我认为除某种生物族类的本能，如母鸡保护小鸡的母爱等外，就人类说这仍然是长期受环境影响、受各种教育的成果。我也说过，20世纪50年代讨论美学，便碰到这个问题，美感的直觉性比道德感更为突出，似乎根本没有理性参与，便直接地感到对象的美或不美，等等。

问：那你们如何解释的？

答：当时我提出了美感两重性，即显现形态的主观直接性和社会实质的客观功利性，前者包括生物的感受本能。如红绿不同色彩对生物感官的不同刺激和反应，但主要是后者，当时还引用了Hegel的《小逻辑》，讲直接性由间接性所形成的哲学论点。

问：道德的直觉性，如摩尔（G. E. Moore）提出的不可解析等理论，影响极大，开创了语言分析的元伦理学。你就这样轻易解决了?

答: 我并非轻易解决，而且至今也未解决，这需要脑科学即神经生理学的未来研究，我只是从伦理学角度强调这种直觉性是需要意志、观念、情感三要素的长期培育。这三要素本就是混在一起难以分割的，理论上予以分解，只是为了突出三者之间的关系、结构、反馈，非常多样、复杂。直觉性只是一种表现形态。

问: 你曾指出，中国传统讲求理性的观念、意志与情感的同时培育，使是非（观念）与好恶（情感）合为一体，对吗?

答: 对。而且仍然是需要经过长期、艰苦的自我锻炼才能成为意志的行动力量，亦即成为直觉，我曾以此来解说孟子和王阳明。这样才使“应该”（ought to）成为“能够”（can），使“理主宰情”最终成为“理”“情”均不见的“直觉”，王阳明所谓即知即行，也就是孟子说的“不虑而知，不学而能”，其实并非“不虑”“不学”，而是这种“虑”“学”为时已久，是经过长期苦修、锻炼意志的结果。所以我不赞同孟子这句话，但承认有这种现象，而这现象仍然是“学”“虑”的成果。总之，我认为除动物性的生理反应外，一切直觉都是后天环境、习惯、制度所造成和产生出来的。

问: 当然，实际情况非常复杂，情理冲突在道德行为中经常出现，便说明道德并非来源于直觉，重大或严重的如“大义灭亲”，轻一点的如“忠孝不能两全”，更一般的如夫妻吵架以至离婚，忘恩负义而感自愧，等等。人们可以产生那么多复杂情感，如羞愧、自豪、忧虑、焦急、烦闷、敬重、忌妒、仰慕……种种心理，便相当程度或实质上都与道德中的情理冲突或和谐有关。它们也都可以表现在直觉中，所以直觉并不可靠，而直觉和情感总含有潜在或非自觉的认知因素。

又如，你在讨论班提出的母杀父20年后，孩子发现了应否告母而依法执行死刑的问题。大多数学生说不告，似乎是一种直觉，却说不出理由。因为这个情理冲突中，本应该是理（杀人者死）主宰情（亲情）呀。

答：其实理由可以是：维持和培育亲情本身就是维护人类生存延续的一种巨大的理性价值，所以舜父犯罪，皋陶执法，舜弃位“窃负而逃”，“亲亲相隐”自古至今也相当普遍地在不同地区、文化、国家中或多或少地接受和容忍。直觉经常与情感连在一起，但要注意，人情本身具有理性价值，这是中国传统的一个重点。

问：有些具体问题的确麻烦。如溺水是先救八岁幼女还是先救八十岁的老母，美术馆失火是先抢救珍贵文物还是先抢救人员等等，牵涉到这个意志、观念、情感的道德心理结构的个体特征。

答：后者或有博物馆守则的明文规定，前者或有传统差异，如中国强调“孝”，可能以救母为先；西方功利主义和自由主义则可能以救女为先。但都很难作出统一规定。仍得由当时各种具体情况（如救出的可能性等等）来定，其中偶然性也很突出。这仍然需要“具体情况具体解决”的历史主义，而不是先验的理性主义、公式主义，不是僵硬执行某种规则、主义。其中的情理关系特别是直觉问题当然更为复杂多样。

问：你书中和讨论班上还论到著名的海上杀人案和电车案等。

答：这里就不重复。电车案例中又有换轨（司机）和推胖人下桥（旁观者），死一与死五和死一与死百千的种种不同，如此等等。有兴趣可以找些书来看看。

问：与你许多看法截然相反，当今研究儒学的学者教授们多数都在论证、强调先验的良知、直觉、心体等等，张扬的是从孟子到王阳明直到牟宗三的先验人性论，强调的是由内而外，由内在的道德“心体”而外在的伦理规范（或“性体”），所以天授天赐的直觉特别重要。

答：对。我恰恰是反对他们和针对他们这些而强调荀子、董仲舒甚至朱熹所重视的“礼”“理”，论证由外而内，由伦理而道德，由社会（群体）而个体，并且反复地不断地质问他们这个“先验”的“良知”“本心”“一念生处”等由何而来或如何得来，为什么其他动物都没有。如果是天赐或本有，是婴儿就有还是几岁被赐，婴儿、幼儿能有道德本能吗？这种常识性的询问，却始终没有一个学人肯回答或作出任何解答。

问：这倒的确有点奇怪。

答：我以为他（她）们旋转和迷失在自己所制造的哲学语言的迷宫里，论辩不休却对整个文化人类学和当今神经生理学即脑科学和心理学的大量材料视而不见，不闻不问，不知不晓，死抱着孟子先验四端说等章句作几乎无穷尽的表面的“细致”实际是空洞的研讨，从虚假的大小前提得出完全不符合经验实际的虚假结论。一讲到道德动力是理性的或具有认知内容的便斥责为“他律”，不仅完全误读Kant，实际不过是在宣扬神秘主义，即所谓没有来由、不可知晓的“天心”“本心”“本性”之类，等等。

问：你经常讲这种先验人性与社会生物学强调的动物本能表面相反，一个好像是至高无比的形上，一个是至低无比的形下，实际却殊途同归完全一致，即认为道德动力均由“天”赐，这“天”，一个说成是“上帝”“天命”，一个说成是动物的本性、本能，如此而已。难怪外国学者们如Donald J. Munro要将两者混在一起讲了。中国学者倒似乎没人说动物本能，他们的儒学先验人性论一般都大谈孟子，并以之作为最强有力的传统依据和出发点。

答：好，那我们也来谈点孟子吧。

5 孟子的伟大贡献

问：你是反对孟子的“四端说”的。

答：孟子和宋明儒学以天赐（先验理性）的“四端”来讲道德的渊源，以“不忍人之心”来推出“不忍人之政”，我以为是错误的。特别是宋明理学和当代港台新儒家将之抬入云霄，大讲先验或超验的天命、天理、良心、良知等等，斥责和贬低荀子、董仲舒、王充、叶适等人，我特别地不赞成，因之才充分肯定荀子以及后来的“外王”路线。

问：那你今天如何来肯定孟子？

答：讲伦理学特别是道德心理学，必须突出孟子。孟子的伟大贡献，我以为并不在提出这先验或先天的“四端”，而在于他继承和极大地发扬了孔子的“三军可夺帅也，匹夫不可夺志也”“岁寒，然后知松柏之后凋也”（《论语·子罕》），亦即孔学“仁”的结构中的个体人格力量。孟子提出了具有“浩然之气”“至大至刚”（《孟子·公孙丑上》）、“上下与天地同流”（《孟子·尽心上》）的大丈夫伟大品德，“富贵不能淫，贫贱不能移，威武不能屈”（《孟子·滕文公下》）。它本源出于远古巫师所夸扬的内在心灵能上天通神的巨大神秘力量，孟子把它理性化和世俗化了，说成是凡人均可具有的个体的独立人格。这一说法确实空前绝后，无人能比，也非荀子所能比，对中国后世影响极大，成了中国历代士大夫和现代知识人的伟大传统和心魂骄傲，一直有着极为巨大的影响和现实意义。而这恰好是伦理学的要害所在。

问：孟子就这一点贡献么？

答：其实有这一点就足够了。当然孟子还有“民贵君轻”的重要宣说。这种观念在原典儒学中本已有之，孟子将之发扬光大，其中仍然与普通人的个体人格的独立、自由相联系，“说大人，则藐之，勿视其巍巍然”，今天不仍然实用么？!可见，孟子所培育的“浩然之气”的“自由意志”仍然有其观念内容，这内容不是上天通神，而是与民同乐，民贵君轻。所以朱元璋要把孟子赶出孔庙。

问：鲁迅也说过，“我们从古以来，就有埋头苦干的人，有拼命硬干的人，有为民请命的人，有舍身求法的人……虽是等于为帝王将相作家谱的所谓‘正史’，也往往掩不住他们的光耀，这就是中国的脊梁”（《且介亭杂文·中国人失掉自信力了吗》）。可说是承续了这一光辉。

答：尽管鲁迅骂孔子、批国粹，是反传统的急先锋。但鲁迅死后，灵柩上盖着的仍然是“民族魂”的旗帜。可见，这“民族魂”正是关怀国事民瘼、坚韧奋斗、决不屈从的知识人独立的伟大个体人格和“自由意志”。这也就是对孟子的真正继承，包括在理论上和在实践中。这才是传统的力量所在。

问：这也才是中国传统强调“人之所以为人”的哲学伦理学。顾准、陈寅恪、梁漱溟……便在不同程度以不同方式体现了这种精神，而颇不同于海德格尔（Heidegger）那种空洞的“敢死”（只有人能去死以体认存在，结果却鼓动人去为纳粹卖命）。因为中国这种道德精神是恰恰具有其具体观念内容的自觉选择和以坚韧意志去真实履行的。

答：正是。对照当今学者们的心性对话，其思辨何其苍白肤浅乃尔。难道这些是由“恻隐之心”或天赐良知所自动生发出来的吗？当然不是。所以孟子才大讲“苦其心志，劳其筋骨，饿其体肤，空乏其身，行拂乱其所为，所以动心忍性，曾益其所不能”等等，说的正是这种人格塑造、这种意志力量是由理性主宰情欲不断锤炼的结果。这就是我讲的理性凝聚。王阳明也讲“凝聚”，说是“结圣胎”（见《传习录·中》）。王阳明讲的“下学”并非学知识，而正是讲这种锻炼凝聚意志，合是非（认知）好恶于一体的行动即良知良能。

问：有趣的是，人们把恻隐、同情的本能情感放在道德首位。你却把自由意志、理性凝聚放在首位，而都说是承续孟子。

答：上面已说我的确不赞同孟子讲的“不学而能”“不虑而知”的先天的“良知”“良能”（《孟子·尽心上》）。就个体道德说，我高扬孟子的“自由意志”，但就伦理学总体来说，我主张由外而内、由伦理而道德的荀子路线。

问：你今天讲的，过去都讲过。你的《伦理学纲要续篇》（三联书店版）一书中的“伦理学总览表”，交代得比较清楚。

答：这里不做说明了，请读者参看该书，特别是拙文《关于“伦理学总览表”的说明》（2018年）。这里要说清楚的是，所有内外、道德与伦理、道德心理学和政治哲学，虽有区分或侧重的不同，但无论在现实生活和理论论说中，又经常是联在一起，彼此交错渗透的。

问：今日学界主流，如你所说，是德性论的先验人性论。

答：我一直反对此说，学者们现在都大讲“仁”，好像“仁”就是“爱”而从不仔细分析。我却以为孔子的“仁”是紧相联结、交叉错综的四个方面有机构成的中华文化心理结构体（参阅《孔子再评价》，1980年），第四方面就是这种“岁寒，然后知松柏之后凋也”“三军可夺帅也，匹夫不可夺志也”的个体自由、独立的人格，孟子发扬的正是这个方面，因为巫史传统，孟子把它描绘为可“塞于天地之间”的“浩然之气”，它是以志帅气，集义而成，该文“附论孟子”节曾特别地指出孟子有一“奇特的养气说”：

> 夫志，气之帅也；气，体之充也。……持其志，无暴其气。……我善养吾浩然之气……其为气也，至大至刚，以直养而无害，则塞于天地之间。其为气也，配义与道；无是，馁也。是集义所生者，非义袭而取之也。行有不慊于心，则馁矣。我故曰，告子未尝知义，以其外之也。（《孟子·公孙丑上》）
>
> 这似乎相当神秘。两千年来，对此也有种种解释。我以为除去其中可能涉及养生学说的生理理论外，它主要讲的是伦理

学中理性凝聚的问题，即理性凝聚为意志，使感性行动成为一种由理性支配、主宰的力量，所以感到自己是充实的。作为伦理实践必要条件的意志力量之所以不同于一般的感性，便正由于其中已凝聚有理性，这就是所谓“集义”。它是自己有意识有目的地培育发扬出来的，这就是“养气”。

“集义”既作为“理性的凝聚”，这“凝聚”就并非仅是认识，而必须通过行为、活动（“必有事焉”）才能培育。所以它包括知、行二者在内。正由于人的意志力中有理性的凝聚，从而就不是外在的“义”（告子）所能替代。至于这种由“集义”所生的“气”与“四端”如“不忍人之心”（“恻隐之心”）等等又有何关系，是何种关系，孟子并没交代清楚。但很明显的是，孟子强调的正是凝聚了理性的感性力量。人是凭着这种“集义而生”的感性（“气”）而与宇宙天地相交通。这也就是孟子所再三讲的，“存其心，养其性，所以事天也”（《孟子·尽心上》），“夫君子所过者化，所存者神，上下与天地同流”（《孟子·尽心上》）等等。它就是为孟子所首倡而后到《中庸》再到宋明理学的儒学“内圣”之道（文天祥的《正气歌》把孟子讲的“浩然之气”可说作了实用伦理学上的充分发挥）。它与由荀子、《易传》到董仲舒再到后世的“经世致用”的“外王”之道，恰好成为儒学中的两个并行的车轮和两条不同的路线。有时它们相互补充，交融统一；有时又互相对峙，分头发展。它们从不同方面把孔子仁学结构不断丰富化，而成为中国文化心理结构的主体部分。

我也一直与牟宗三辩论，强调即使孟子的“四端”也没有脱离感性经验，从而不是先验或超验的，而仍然是通天人的中国巫史传统的巫师品德和能力的理性表述，个人的“浩然之气”能“塞于天地之间”不就是“天人合一”型的巫师神力存留吗？在这里，神秘性和神圣性并存，它高出于日常生活和常人品行，但又可为常人所追求、所达到，“人皆可以为尧舜”。

问：你不是尊荀贬孟吗？

答：完全不对，我只是一直为荀子鸣不平，他自宋明理学以来，一直被压低，遭贬责，章太炎等人曾一度尊荀，后又没消息了。港台新儒学兴起后，便更如此了。

问：你尊荀学，却又“扬孟旗”，使一些学人迷惑不解。

答：可能。其实我对孟评价很高，大家没十分留意罢了。

问：请说说道理。

答：上面所引80年代的论述应该很清楚了。将个体“自由意志”提到与天地相通的神秘又神圣的高度，便抓住了哲学伦理学的核心，荀子所树立和突出的“类”（人类）毕竟属于认识论范围，“大我”（类）确由“小我”（个体）组成，而且高于“小我”，但“小我”这种“浩然之气”正是使“大我”生存延续的重要条件。所以“太上立德”在“立功”“立言”之上。“举孟旗”，就是要张扬个体的“自由意志”。

6 孔、孟还是周、孔

问：但你还是以周（公）、孔（子）替代孔（子）、孟（子）？

答：周是外王，孔是内圣，孔并未能做成外王，秦皇汉武倒做到了，其实一部中国史主要就是“孔夫子+秦始皇”，孟、荀不过是各自发展孔的一个方面。荀子本人也未能开外王，他的学生倒是帮助秦始皇做成了。所以我重视陈寅恪讲李斯“佐成秦治”的儒学路线。周公的材料太少，只好代之以秦始皇，孔子在汉代也被称为“为汉创制”的素王。周以封建制维持800年（至少在名义上），秦汉（汉承秦制）以郡县制和文官制维持至今二千余年。周与秦汉当然大不相同，但在统一“天下”，并维持、延续这个巨大时空实体以成为中国，是相承续的。所以在思想史，我以孔—荀—董—朱为正统。周、孔之道是就整个中国历史行进道路而言。而孔、孟相连，只是突出了个体精神，周、孔相连才显示历史的真实存在，前面已讲。就人类说，历史进程高于个体道德，就个体说，后者又高于前者。

问：你多次强调周公，却讲得太少，应再讲几句。

答：我以为周公制礼作乐，将“情本体”化为一整套规范制度，的确如王国维所说，定后世“亲亲尊尊”的社会根基，所以我一再提及祭——“丧服”为礼之首的巨大意义和作用，到1949年前，所谓“五服”内外的差别，“五服”之内的等差级别仍广泛在社会中保持和延续。“亲亲”正是以血缘远近规定关系以建构个体的不同行为、态度、语言，而且同时也以外在规范如丧服的级别严格的服饰，作为由伦理（外）到道德（内）的通道，这通道又正是以自然情感的不同哀伤的级别化序列化的理性表达，愈亲则丧服愈粗劣，以表达愈哀痛的情感，如此等等。这是一种极为伟大的创造。我所以一再讲孔子回答宰我三年之丧疑问的阐释，是内在化地实现了周公礼乐制度的精髓。周孔并称就远比孔孟并称，以孟子恻隐之心来谈情本体，要深刻多了，也说明“情本体”是有理性渗入的情理结构，既非自然本能，也非上天赐予。正是周公开创了政治、伦理、宗教三合一的礼教（名教），外来宗教多次光临，也未能动摇有“情本体”支撑着的这个“教”，今日拈出这个“教”的根基（“情理结构”），作为“范导”便有助于中国现代性的道德建构。

问：《论语》《孟子》都偏于内圣，讲求个体修养，数百年来约定俗成，无可厚非。

答：也不必“非”它，仍可继续使用。康有为叹惜《论语》一书乃曾子门徒编写，如果由好谈政治的子张门徒编撰，将孔子的政治、社会主张突显出来，孔子的面貌会有很大不同。

问：这只是一种假设罢了。

答：这假设倒不无道理，但孔子的社会政治主张也就是继承周公“一统”天下那一套仪典和制度，但也一定会有所发展和改变，所以我说荀子、《礼记》是孔门主流、正统。

问：所以你要以周、孔替代孔、孟。

答：其实宋代以前均周、孔并称，宋后开始孔、孟并称，这与理学兴起颇为攸关。但汉、唐才是中华盛世，宋以来却国势日衰，理学家们高谈道德心性，对李斯、桑弘羊、李泌、刘晏、杨炎，以至王安石、张居正诸多具有外王功业的著名人物，常加贬抑鄙视。有如那句有名的批评话语：“平日袖手谈心性，临危一死报君王。”刘蕺山以“君心安则天下安矣”不着边际、毫无效用的“退贼”建言和以绝粒殉国的道德行动，相当典型地披露了如何玄妙高贵的道德修养行为和形而上学也挽救不了也复兴不了中国的。有如Kant所言，“良好的国家体制并不能期待于道德，相反，一个民族良好道德的形成，首先就要期待于良好的国家体制”（《论永久和平》）。以周（由巫到礼，建构情理）、孔（释礼归仁，突出情本）代孔、孟，其意亦在此处。现代梁漱溟、钱穆等人倒是周、孔并称的。

7 不同层次

问：还回到人性善恶问题吧，孟子道性善，你不也认为“人性善”是一种设定，可与基督教原罪说相比拟，你需要再澄清一下。

答：讨论人性善恶要有两个层次，一个层次是孟、荀由两种动物本能上升为人性善恶问题，另一层次是两种不同的形上设定问题。所以，孟、荀等讨论的性善性恶与基督教讲的原罪以及“绝对恶”实际上是根本不同的层次，是完全不同的也不能比较的概念。“生下来就有罪”来自“两个世界”，人必须下罚人间经历劳苦而死亡。这与动物凶杀等本能毫无关系。而中国“人生下来性善性恶”，实际是指在“一个世界”中人有动物本能的两个不同方面，这是我所理解的“生之谓性”，若硬要把它们说成先验或超验，便等于认同有另一个世界而接近或类似基督教、伊斯兰或佛家的“彼岸”了。因之，以人类生存延续为“至善”而推论出个体的“性善”，是一种在一个世界观内的情感的信仰设定，即认为也相信我生下来是好事，在这不可知晓而足可敬畏的物自体苍茫宇宙中，我这偶然性的渺小生命生下来就应该是善良的。这才与基督教的设定处于同一层次而可相互比较。中国这一设定可以让人对此世生存和生活有一种积极的、乐观的情感，展示出中国传统无人格神却有以“天地国亲师”（历史以及“至圣先师”）为归依对象而具备深刻的准宗教性的信仰特色。这也就是情本体的“有情宇宙观”的意义所在，它可以与上帝—基督情感、信仰的设定并驾齐驱。中国的巫史传统以人的乐生的积极情感赋予宇宙自然，如“天行健”“天地之大德曰生”“天道无亲，常与善人”“生生之谓易”等等，我称之为“有情宇宙观”（参阅《中国古代思想史论》）。它作为宇宙观，从而也就设定了人性善，人生并无罪，相反，人的出生、生命、生存本身是好的、善的，恶恰恰是破坏这生存、生命。由己及人，由人及物。由于没有人格神的上帝，人只能依靠这个具有“生生之德”的宇宙实乃人的爱的情感来帮助“应该”成为“能够”，情感成为道德行为的重要助力，极大地帮助理性来完成行动。从而追求理知锻炼出的人性能力（意志）、理知判断得出的是非善恶（观念）和情感的三合一。

问：那你就认同宋明理学和港台新儒家的内圣开外王的先验的良知德性?

答：恰恰相反，我一直反对由内而外的先验心性论，所有这些意志、观念和情感都是历史—教育的成果。前面已讲，我不赞同孟子由“不忍人之心”开出“不忍人之政”，更不赞成上述的道德坎陷开出现代政治的民主人权等等理论，以及由“大丈夫”而尽心通天的工夫论。

问：你如何评论当代流行的儒学工夫论。

答：孟子说“大丈夫”时很明确地指明“得志与民由之，不得志独行其道”，他那大丈夫的意志锻炼和巨大成就，是和“与民由之”“民贵君轻”观念紧密连在一起的，他那“不忍人之心”虽然开不出“不忍人之政”，但两者也是紧密连在一起的，即个体的道德行为是为了群体的生存和生活，“心”之为了“政”，因之根本不是什么脱离社会政治的个体静坐修炼通体光明之类，根本不是为了寻求个体的通神上天。工夫论是受与世事无关的佛家道路的影响，汉唐并无此说。所以我以为工夫论应以自由意志锻炼说替代之，才能恢复孟子的原意。它是积极入世的，而非消极出世的，孟子也不是避世的庄子。孟子、荀子与孔子一样，都是积极投身政治活动的人物，他们都强调教育，强调学习，这学习不是静坐修炼，为了超凡入圣，而是精通“六艺”（礼、乐、射、御、书、数），为了在人间干番事业。

问：孟子与你讲的“有情宇宙观”没有关系？能否把人们讲的很多的“恻隐之心”“不忍人之心”，纳入所说的“有情宇宙观”之内？

答：不仅可以，而且很好。这样，孟、荀之分即动物性两面性的分歧争论的原意仍可并存，而且极大地充实了“有情宇宙观”，并且这也把两个不同层次的善恶观念合成一体，使“有情宇宙观”因有动物性本能正面情感的支持，更近人情、接地气，它不是上帝命令亚拉伯罕杀子以显示威权，也不是将“恻隐之心”抬入先验形上。“恻隐之心”本就是动物也可能具有的同情心、怜悯心、爱护心，却可以作为形上设定的“有情宇宙观”的世间现实基础。其实孟子就讲过许多“闻其声而不忍食其肉”“君子远庖厨”等非常具体的经验心理，却被牟宗三等人硬抬入先验，成为形上的“不安不忍”的“恻隐之心”。《中国古代思想史论》指出，孟子特别是其后的宋明理学的绝对主义伦理学，即使把道德作为本体抬到超验高度，却又仍然不能脱开其感性特色。该书讲述孟子时，有如下说法：

> 把这种“绝对命令”的先验普遍性与经验世界的人的情感（主要是所谓“恻隐之心”实即同情心）直接联系起来，并以它（心理情感）为基础。从而人性善的先验道德本体便是通过现实人世的心理情感被确认和证实的。超感性的先验本体混同在感性心理之中。从而普遍的道德理性不离开感性而又超越于感性，它既是先验本体同时又是经验现象。孟子说，“礼义之悦我心犹刍豢之悦我口”，“仁义礼智根于心。其生色也，睟然见于面，盎于背，施于四体，四体不言而喻”（《孟子·尽心上》）。先验道德本体竟然可以与感觉、生理、身体、生命相直接沟通联系，从而它似乎本身也是感性的或具有感性的成分、性质了。这便是中国哲学“体用不二”“天人合一”特征在伦理学上的早期表现。

这是20世纪80年代写的，这里所说的心理情感为“基础”，就是指即使讲伦理学，也仍然不能脱离人以动物族类存在这一“基础”。这正是巫史传统的一个世界说，而非天人隔绝的两个世界，所以我有宋儒受佛教影响追求超验世界的失败的看法（见拙文《论实用理性与乐感文化》2004年）。孟子的“恻隐之心”可以看作是形上设定“有情宇宙观”的乐感文化的展现，虽然不能把它当作道德的特征和起源，特别是不能如宋儒和港台新儒家那样把它说成是非心理、超经验的先验缘由。

问：宋儒追求超验而失败？

答：原典儒学以孝悌为“仁”之本，程朱理学以“仁”为孝悌之本，把原典完全颠倒了，于是“仁”变成天理、良知等超经验的所谓“道心”“天命”的形上，但又说“道心”不能脱离“人心”，与Kant和西方神学、哲学的本体（noumenon）与现象界可以截然二分，前者并不依靠后者而存在大不相同，所以我说宋明理学追求超验（超越感性经验的天理、良知）作为本体是失败了。中国没有那种超验的“本体”，原典儒学的巫史传统的一个世界观难以动摇。

问：讲了这许多，人性到底是善还是恶？

答：人性并无善恶，但你可以选择相信相信人性善（儒家）或相信人性恶（基督教），这是一个情感—信仰问题。

8 道德与超道德

问：你在“伦理学总览表”说明文中说：认同钱穆“中国儒学思想则更着重此心的情感部分，尤胜于其看重理智部分。我们只能说，自理知来完成性情，不能说由性情来完成理知”，然而在后面又说“在伦理学中，是理性凝聚，从而这就不是‘理知去完成性情’（本文开始所引钱穆语），而是‘情感去完成理智’”，岂不矛盾？

答：不矛盾，这里不但有群体个体问题，而且是个体在道德行为的心理（理性凝聚，即情感来完成理知）与整个人生境界和本体建构（理知来完成性情）的不同，这也就涉及道德与超道德的问题。

问：Kant以“文化—道德的人”作为大自然的最终目的，宋明理学以及许多古代、现代学说也以道德为人生最高境界，列维纳斯（Levinas）提出“伦理学是第一哲学”，这与你以美学为第一哲学颇为不同。

答：这是另一题目，这里不能详说，因为涉及以美育代宗教这个大问题。简单说来，道德心理的最高点是即知即行动的直觉性的生活境界和人生态度，即视死如归的平常心，并且将它视作一种快乐，从而由道德而超道德，西方归结于宗教，进入上帝怀抱的天国世界，中国则归于一个世界的历史洪流，这个洪流也就是人类生存延续的本体世界，此“本体”非noumenon。正因为此，美育才可能和可以替代宗教。

问：你的《美学四讲》（1989年）把审美分为悦耳悦目（以感官愉快突出为特征）、悦心悦意（以心意愉快为特征）、悦志悦神三种类和三层次，而且悦神还高于悦志，现在你还如此认为吗？

答：当然。“悦志悦神”作为审美状态，远不仅指欣赏和创作艺术，而且更指生活和人生，并以此达到和创造现实生活中的人生最高境界，即所谓“悦神”的天地境界。这境界仍然不脱离人生感性世界和人间生活。神圣性的“有情宇宙观”，使美学可以成为人生归依和生活最高境界，而替代宗教，这亦即是将自己融入“参天地赞化育”使后人永恒记忆的历史洪流中，它与回归上帝怀抱相比，并不逊色。道德与超道德的不同在这里，孔、孟之不同也在这里。在程、朱眼里，孟子大概是道德的顶峰，孔子则是道德而又超道德了，当然，这也只是我的解说。

问：孔、孟不同？

答：有如程，朱所言，“仲尼，元气也；颜子，春气也，孟子并秋气尽见”“孟子有些英气，才有英气便有圭角，英气甚害事”（《二程遗书》卷18），“孟子则攘臂扼腕，尽发于外。……孔子则浑然无迹，……孟子其迹尽见”（《朱子语类》卷52），说的便是孟子高扬大丈夫刚正不屈的自由意志的“英气”，仍在道德范围内。

问：这应该是至高无上了。

答：不然。这只是在伦理学上的至高至上。在追求超验、构建形上哲理的程、朱看来，这还不够顶峰，顶峰是这种“浩然之气”的自由意志已经变成一种平平常常的生活态度、人生境界，变成“从心所欲不逾矩”的“平常心”，包括杀身成仁，舍生取义都是自自然然，“浑然无迹”，根本不需要这种自由意志的“英气”外露了。这当然是品级极高了。在他们看来，也许孟子还只是道德，而孔子则是达到超道德的形而上学天地境界了。所以才是“至圣先师”。这“师”仍是人，不是神，所以审美（天地境界）才代宗教（上帝天国）。

其实，各宗教均有之，克尔凯郭尔（Kierkegaard）也是由伦理进入最高境界的宗教，宋儒追求超验的天理是失败了，但他们提出这一由道德而超道德的人生境界却是哲理上一大贡献。中国缺乏人格神的宗教信仰，实际是以宇宙自然为上帝、为依托、为归宿，既超道德而又不脱离感性世界，可“视死如归”而又“托体同山阿”（陶潜诗），所以美学能成为最高的人生境界，美学是第一哲学亦就此而言。

问：你翻译的Kant“位我上者，灿烂星空；道德律令，在我心中”，这是道德还是超道德?

答：包括Kant本人也许都把它看作是道德境界，我却认为它已超道德，进入天地境界，“灿烂星空”那种崇高感在中国传统中恰恰是“悦志悦神”的美感最上层，“灿烂星空”不就是“天地”吗？你夏夜仰望天空所产生的那种与心中道德律令同在，亦即与个人作为本体与宇宙协同共在的崇高、美丽而神秘的直观感受，不就是这种美感吗？它是“以美储善”的感受，已超出慷慨悲歌从容就义的道德感了。Kierkegaard伦理之上是宗教，Kant也说过“道德不可避免地走向宗教”（《单纯理性限度内的宗教》序），提出“道德的神学”，却认为“道德律令并不需要宗教和上帝来保证，但宗教和上帝都必须依靠道德律令而存在。中世纪认为善就是上帝的意志，要求相信和服从一个在道德意识之上、甚或与道德无关的外在权威（上帝），这正是康德伦理学所反对的”。Kant又同时“深知宗教并不能完全等同于道德。它有另一种并非道德所能具有的特殊的情感特征和力量”（《批判》第334—335页）。这种超道德的情感特征和力量，就是我“理性的神秘”和“以美储善”来重新解说中国传统“孔颜乐处”的审美生活态度和人生境界，亦即仍具有感性要素的“天地境界”。这里的关键也仍在两个世界和一个世界，Kierkegaard认为这个世界不值得活，所以审美（感性）最低，宗教（灵魂）最高，Kant未必如此。他那“灿烂星空”便正可以解释为具有物质性的宇宙天地。

问：这也就是你常讲的“与宇宙协同共在”的感受。

答：Kant这话语中还有“恒兹二者，畏敬日增”，我解释为是指那个不可知为何存在的宇宙物质总体即“物自体”，这里要说明一点的是，在写《批判》一书的70年代，我并不认同这个不可知的“物自体”，当年认为没有什么不可知，到后来我否定了自己的这个观点，相反我特别强调了这个只能敬畏却不可认知的“物自体”，在《论实用理性与乐感文化》一文中明确表达了这一看法，强调了敬畏或畏敬，这是以前所未表达的，并且把它与“美学是第一哲学”的论证联结在一起了，同时指出“美学是第一哲学”乃未来式，现在走红和应该走红的“第一哲学”是政治哲学（包括各种规范伦理学）。这也仍然是在贯彻我的历史主义，“美学是第一哲学”是就个体而言，古今皆然，政治哲学都是就个体与群体关系而言，是当今至少几十年甚或百年最需要讨论、研究和解决的重大问题，但我无法在本书本文中研讨说明了。它的详细研讨越出了我的领域和范围。

问：但就这方面而言，你指责过宋明理学轻视“外王”、事功，脱离了巫史传统。

答：这一批评并未改变，特别还要加上已经说过的以静坐修炼而追求超验是错误的宗教道路。美学作为超道德的人生最高境界倒可以与讲求事功、外王的汉代欢快的宴会总以挽歌、哀乐作结相承续，使“有限的人生感伤总富有无垠宇宙的含义，它变成了一种本体的感受”（《华夏美学》）。在这感伤中去体验那并不专属于自己的存在，那滚滚的历史洪流成为自己有限性确认后的意义的寻求，此非本真中的本真，乃是情的珍惜而非理的晓谕。但我仍无法在此讨论庞大复杂的政治哲学。

问：那就回到更现实的日常生活吧，前面你引述《时代周刊》那个事例。说宁死五个不相干的人，也不死个亲爱或熟悉的人，不是理性而是情感作主宰，也不能算不道德，正如你不是消防队员，不去救火也不算不道德，如你以前所说过那样，对吧？

答：这已是对“泛化”了的道德不道德的标准来说，但也仍然是理性在作主宰或决定，虽然这些与道德心理的主要特征的理论探讨有所不同。

问：理论学说应该联系实际呀。

答：任何理论到具体事例，不能生搬硬套，其间有许多中介环节，当年我对M. Sander救灾应该用市场原则还是道德原则即涨价与否要学生表态表示反对，便是如此。

问：这章主要讲道德行为的心理世界，你的理论归结说来是如何？

答：有如《道德心理学手册》一书详细介绍评说了当今英美意识/认知（consciousness/cognition）和直觉/情感（intuitive/affect）两大派后所说："直觉/情感和意识/认识诸系统之间相互作用如何产生道德判断现在知之甚少"（*The Moral Psychology Handbook*，Oxford，2013，p.67），但仍然认为"现涌现的共识核心是承认道德判断是在不同心理系统相互作用和竞争的产物"（p.47）。该书讲直觉也有与我相同和类似的说法。总之，道德判断是多种心理系统作用的结果。在我看来主要也就是上述三要素系统之间的关系，并重视其中理性为主、情感辅之。人是动物，但人是政治的亦即理性的动物。

问：包括最后涉及的超伦理的审美，也仍是内在心理，但现实的日常生活中的道德如义务、责任等等，则必然涉及外部世界，这是否要谈到你的两德论了？

答：然也，请听下回分解。

第三章

两德（传统宗教性道德与现代社会性道德）说

1 两德不分

问：1994年你提出这个“两德论”，陆续发表了不少文章，想请你先概说一下。

答：好，就先说三点：

一、社会性道德前有“现代”两字，这非常重要。它指出这种道德以前没有，是近现代（modern）的产物，它的哲学代表是霍布斯（Hobbes）、洛克（Locke）、卢梭（Rousseau）、Kant一直到罗尔斯（John Rawls），这种道德基本上是一种理性的建构。

二、一般说来，在传统社会中，没有两德的区分，两者是混合在一起不做区分的，如基督教伦理、儒家伦理（“礼”），也如今天某些伊斯兰国家的伦理，其中情感因素很重，因为宗教信仰的缘故，例如儒家的“礼”，便有对天地祖先的浓厚的宗教情感。

三、两种道德都是历史的产物，并适应于一定的时代。现代社会性道德是以现代市场经济、契约原则、个人本位等为基础，适应于现代人的生活。它已经与传统的宗教性道德分离和区别开，所以我才提出两种道德，虽然它经常受传统的宗教性道德的制约和范导，这制约与范导有好处有坏处。

问：既都是历史的产物，便从第二点说起，如何？

答：好。在现代社会以前，道德就是道德，不分两种。但是何谓“现代”，从何时算起，却争论极多，这里无法涉及，便暂从工业革命时代开始算起吧。

问：你已说过，任何动物群体的生存延续都要有一套规矩，猴群就如此，但人类把这套规矩通过语言，理性化地大大提高了，成了自觉意识。

答：从个体说，这是如前所说，由外而内，由强迫、教育而自觉履行。

问：就群体或社会说，这就是你所说的“礼源于俗”。

答：至少在中国，这“俗”一开始就被笼罩在“巫”的阴影下，新石器时代考古证明了这一点（可参阅郭大顺等人著作），到了“礼”以后便更如此。“礼”来自“巫”。也就是说，当时人的一切行为活动都必须依据或按照巫→礼的要求进行。巫就是神秘仪式和人物，也就是具有所谓“宗教性”的。

问：就是说，从一开始，社会性与宗教性便不可分开。

答：是。“宗教性道德”实质上本是一种“社会性道德”。它本是一定时代、地域、民族、集团，即一定时空条件环境下的或大或小的人类群体为维持、保护、延续其生存、生活所要求的共同行为方式、准则或标准。由于当时的环境和主客观条件，这种“社会性道德”必须也必然以一种超社会超人世的形态出现。从图腾时代的动物崇拜到宗法社会的祖先崇拜，从多神到一神，从巫术到宗教，包括后世抽象到哲学理论上，都如此。即世上人间的各种道德准则、人的行为规范、心性修养，本源于超越此有限人际、生活世俗的“天理”“良心”“上帝”“理性”，正因为这样，人群才慑服，万众才信从。

问：它的确如此，Kant的“理性”便是超人类的，与你讲的理性颇不相同。

答：个体道德来自群体伦理，伦理本是不断演化、微调以适应不断变化着的生存环境的，却以某种传奇性的伟大人物的行为、言语使之变为超越这个世界并具有严重的神圣性质，经验便由此变成了先验，世间的制度、要求、法规包括远非人为设计的长久习俗，都或多或少或远或近或直接或间接地披戴上神秘光环，成了神圣习俗和不可触犯的教规教义。神圣性使它获有了普遍必然性的语言权力，具有非个体甚至非人群集体所能比拟、所可抵御的巨大力量，而成为服从、信仰、敬畏、崇拜的对象。各宗教教主如耶稣、释迦牟尼、穆罕默德，中国的周公、孔子，以及某些近代领袖，都如此。“宗教性道德”本来源于一定时空内的某种“社会性道德”，被提升为“普遍必然性”的信仰、情感的最终依托后，便成为敬畏崇拜的神圣对象。爱因斯坦（Einstein）说，“道德不是什么神圣的东西；它纯粹是人的事情”（《科学的宗教精神》），但由于各种主客观需要，人的事情变成了神意或神谕、天理或良知。

问：你最后这两句的确十分切要。

答：在古代各文化传统中，伦理、政治、道德，包括上面已提到的似与宗教无关的风俗习惯，实际上都具有来自巫术或宗教、或多或少程度不一地神圣或神秘的宗教性能，从而“社会性道德”与“宗教性道德”便混而不分。中国两千年来传统的“三纲五伦”具有“天理”、“良知”的至上神圣性和“普遍必然性”，从而也才使人间生活具有神圣性，即“礼”的神圣性。“礼”却包括了人的一切行为举止和语言、活动。（可参阅《仪礼》等）西方的基督教义（《圣经》）、阿拉伯世界的《古兰经》，更直接以神的旨意来宣讲伦理道德和根据这些道德的政治、法律的普遍必然的绝对性，政教不分。实际上，这种“先验”或“超验”的普遍必然只是一定历史时期的客观社会性的经验产物，但“给经验以权威”，便成了原始的神圣。（参阅休谟《人性论》第三卷）

问：中国又如何呢?

答：上面已经讲过了。例如，作为中国“礼教”的轴心和中国古代诸道德根基的“孝悌”，本是氏族群体为维护、巩固、发展其生存延续而要求个体履行的一种社会性的道德义务。它是以家庭为单位、以宗族为支柱的小生产的农耕经济的时代产物。其中氏族血缘关系至为重要，在中国延续至今。“孝”经由上古和古代巫术礼仪到礼制化和心灵化之后，“孝”便成为“天之经，地之义”，成为先验或超验的“天理”和“良知”，即某种具有超越此世间人际的神圣性的绝对律令。“不孝”不只是违反人际规则，而更是触犯天条，当遭天谴。从汉代《孝经》宣告“孝”是天经地义，到历代小传统中关于孝受天福、不孝遭天谴的传奇故事，都说明“孝”长久既是中国人的“宗教性道德”，也是中国人的“社会性道德”，两德并不分离，只是在各种具体行为中，两者的同一性有或浓或淡的差异而已。

问：你讲的这些，根据上节的说法，都是有关观念的道德内容，如“孝”，那应该是宗教性“伦理”和社会性“伦理”的不可分割，为什么说是两种道德呢？

答：这是一开始便有人提出的质疑。问题是：因为这里并不讨论外在伦理规范如“孝”的种种内容、方式和问题，而只是指社会伦理进入个体行为和心理的不同性质。有的宗教性极浓厚，如基督教七天去教堂，伊斯兰麦加朝圣、中国人的拜祭祖先等等，有的略淡如每饭谢恩（天主教）、日有五拜（伊斯兰）、晨昏叩安（中国），有的似无却有，如敬长尊老（中国）、黑袍着装（伊斯兰）、一般的祝福（基督教）等等，它指向和落实在个体道德行为及心理中，所以不能称伦理而只是个体行为和心理的道德。这也说明，内心的道德不能脱离外在的伦理，伦理在理论和具体实践中又不能绝对地离开政治，道德心理中的“观念”，前面已说，便是伦理—政治规范。所以伦理学实际包含了政治哲学和道德心理学，如我那一张“总览表”所展示。

2 两德分离

问：那么，两德如何会分离呢？

答：外在伦理规范是维护社会群体的生存延续，由于环境的差异和变迁，这些规范也随之变迁改易，当然任何文化、宗教以及巫术都有它们的相对独立性即习惯性，即使在地区和环境等外在情况极大变迁改易，有些规范却仍然可以“我自岿然不动”。锦衣玉食却仍不允女性开车，身在时装之都巴黎仍穿黑袍只露双眼，女人必戴头巾，男性一定留须，穆斯林不吃猪肉，印度教敬奉牛群……凡此种种，文化人类学述之已详，文化相对主义也甚嚣尘上，认为“此亦一是非，彼亦一是非”无分高下，不可争辩。

问：你不是主张历史具体性，认为社会变化中有先进与落后、正确与错误之分吗？

答：但有些文化传统、宗教传统所带来的风俗习惯（外，社会）、行为心理（内，个体）上的种种差别歧异，因与当下的经济、政治变迁距离甚远甚至少有关系却可定式常存，习俗不改，伊斯兰禁食猪肉也正如美国人不习惯于吃鸡头鸭爪一样，完全可以并存，各是其所是，各非其所非，丝毫不必强求一致，一统江山。

问：但总有个共同的道理吧，毕竟都是人，都属于人类。

答：宗教是具有强烈情感的信仰，产生的原因和道理也许已变迁，但既成信仰的情感却不容易改变，特别是世代相传，不断巩固之后。例如，即使Kant早已论证上帝存在不能证明，非理性所可认知，但二百年后人们包括科学家们仍然相信上帝存在，这就是一种无理可说也不必说的情感信仰。许多人生活和生存有时非常需要有这种信仰，才觉得安心和幸福，人生才有意义和快乐，生存才有目标和保障。中国也如此，即使不去求神拜佛，却仍然相信天意、天命和各种神明。现代也有以某种世俗性的政治宗教来吸引、鼓动人们去信仰、去追求某种理性目标而贡献终身，与"传统宗教性道德"相当一致。

问：你只是强调了"宗教性道德"的传统力量如此相对独立和强大有力，并没回答我的问题，即外在伦理规范既随时代、社会有变迁，又如何影响或改变个体的道德行为和心理，并产生与"传统宗教性道德"不同的"现代社会性道德"？

答：如一开头所说："社会性道德"前冠以"现代"两字的重要性。这里首先需要说一下"传统宗教性道德"和"现代社会性道德"的相同点。其相同点是，两者都是自己给行为立法，都是理性对自己的感性活动和感性存在的命令和规定，甚至都表现为某种"良知良能"的心理主动形式：不容分说，不能逃避，或见义勇为，或见危授命。其区别在于，"传统宗教性道德"是自己选择的终极关怀和安身立命，它是个体追求的最高价值，常与信仰、情感相关联，好像是执行"神"的意志。"现代社会性道德"则是某一时代社会中群体（民族、国家、集团、党派）的客观要求，而为个体所必须履行的责任、义务，常与法律、政治紧密关联。前者似绝对，却未必每一个人都能履行，它有关个人修养水平。后者似相对，却要求该群体每个成员的坚决履行，而无关个体状况。对个体可以有“传统宗教性道德”的期待，却不可强求；对个体必须有“现代社会性道德”的规约，而不能例外。一个最高纲领，一个最低要求；借用康德认识论的术语，一个是范导原理（regulative principle），一个是构造原理（constitutive principle）。

问：那么，这个“构造原理”从哪里来？

答：一个世纪以前，梁启超在其《新民说》一文中提出了“私德”与“公德”，开始区分两德并以提倡“公德”为主，不久他从美国回后，却来了个几乎是180度的转弯，即仍然合并两德，并以“私德”为主。有意思的是，一百年以后，又有好些当代学人如同梁一样，80年代倡导“公德”，现如今却又以“私德”为主了。所谓“私德”，就是中国传统道德，“公德”是指西方现代社会性道德。

问：公德、私德仍需要略加说明才清楚。

答：“私德”是指从《三字经》“四书五经”到各种传统典籍中所讲的“三纲”、“五伦”、“六纪”、忠孝仁爱信义和平和妇女的“三从四德”等以及各种相关的风俗习惯，“公德”则是梁所推荐介绍由西方传来的自由、平等、人权、法治等等，其中核心是强调个人独立的自由主义的观念系统。

问：当然，这些现代“公德”与传统的“私德”有一定的距离、差异甚至矛盾、冲突。在中国，如你在《中国古代思想史论》中说，我是什么？我是父之子，子之父，妻之夫等等，在西方现代，我就是我，即我的身体和心灵。

答：这也就是说，我（个体）是组成社会（群体）的基本单位，社会应为个体生存服务，而非相反。中国传统确乎相反，个体是为群体（社会）的生存延续服务，个体必须处在群体社会的一个特定的位置和秩序上，没有独立的个体，社会单位也不能是个体。

问：那么，为什么今天需要“公德”呢？

答：我认为，所谓“现代社会性道德”或所谓“公德”有其食衣住行等日常经济生活的来源，并以之为理由、为基础的。工业化使个体劳动力可以自由买卖，即人身不再依附在家庭农业小生产或农奴制的规范秩序下，个体从家庭、家族、地区（如农村）解脱或解放出来，如近四十年来大量农民进城打工，在各种双方必须遵守和履行的协定下工作和生活，在貌似自由平等的根基上，宣告了个人的独立，其实这也就是在资本主义的契约的原则和市场竞争的根基上所产生的新的道德观念，即“现代社会性道德”观念，它与天、与神、与上帝无关。

问：这些道德观念、规约却与现代的政治、法律直接相关。

答：甚至可以上升到哲学的理论高度，产生了如本文一开头所举出的许多哲学家和哲学理论。总之，由个体为社会存在，变化为社会为个体存在。Kant“人是目的”成为总纲领。

问：它也就是所谓"普世价值"。

答：但这"普世价值"仍是历史产物，所以我一再申言，"天赋人权""人生而平等"并非自古就有、远近咸宜的"普世价值"，它最多也只有五百年的历史，而且至今也远未"普世"。它远远滞后于经济的全球一体化。全球经济一体化有时尚可倒退，何况这些道德观念。梁的转弯倒退便正是如此，他看到欧美社会"公德"即自由、平等、人权、独立等等所带来的许多缺憾、祸害和灾难，认为不如回到传统中国道德的怀抱。由此可见，两德的分离有重要的意义。但更要看到，它是一桩艰难而漫长的工作。特别是历史经验说明，具有根深蒂固的传统宗教性道德，可以以原教旨主义或强势意识形态等形式，与一定社会、集团的实际力量相结合，常常蛊惑、控制或发动某种"群众运动"，使很不容易争取得来的个人自由一夜之间便"改变颜色"，踪迹全无。

问：既然人们说全球经济一体化迟早不可避免，因之现代社会性道德也将如此。

答：也因此便发生了两德各种严重矛盾和冲突。

问：你提出两德区分，似乎非常重视由于差别分歧和矛盾冲突，从而两德的关系十分重要。

答：对。所以我提出了"范导和适当构建"，但未充分展开。

问：为什么？

答：什么是"范导和适当构建"，如何能"适当"，各不同宗教、文化、传统又有何差别，都异常复杂多样，我以为它们都属于各种政治哲学和规范伦理学的范围，规范伦理学又有各种应用的、职业的伦理学，以及环境伦理学、描述伦理学等等。我的哲学伦理学只需提出两德说这一点就可以了，更具体的分析和论证应由政治哲学、规范伦理学等来承担，有如我上章说道德心理三要素，提出谁主谁从就可以了，许多具体结构、定式、框架等应由道德心理学去探究。

问：刚才你提到许多具体问题应属“政治哲学”，但你大讲“吃饭哲学”和“现代社会性道德”，是否也包含了一个政治哲学系统？

答：不敢这么说，因为我没专门研究过政治学。但我提出的“历史与伦理的二律背反”（1980），“历史在悲剧中前行”（1999），“两德论”（1994）和“经济发展→个人自由→社会公正→政治民主”四顺序论（1995、1999），“要社会理想，不要理想社会”（1994），以及“欧盟是走向世界大同之道”（1992、2002）等，可以在我的人类学历史本体论基础上展开政治哲学系统。但我没能力做了。

看来，还会有一个世界性的各种民族主义（包括打着“天下”旗号的）甚至种族主义的汹涌浪潮，即我所谓的倒退时期，总之世界大同还早得很。但正如“人是目的”一样，大同世界应该作为一种人类理想来探索和追求。

3 与罗尔斯的“重叠共识”的异同

问：这里可以谈谈Rawls了。因为有些人认为，你的“两德论”是受John Rawls《政治自由主义》（1993年）一书的影响而提出的。

答：否。实际情况是，我最初提出“两德论”是《哲学探寻录》，该文作于1991年春，1994年春改毕，刊出于同年香港《明报月刊》（第7—10期）。我一直认为，中国传统自古迄今，始终有一个中国式的“政教合一”即宗教、伦理、政治三合一的问题，经常表现为一种泛道德主义，影响甚大，严重阻碍现代生活和现代道德观念的建立和传布，应予以解构，解构之后再重建。而解构途径似应就是区分两德。Rawls的该书出版，当时我并不知道，也未看过。之后，我读到该书中提出可与传统脱钩的“重叠共识”（overlapping consensus），觉得与我讲的“两德论”的“现代社会性道德”颇有相似之处。在我今天的记忆中，Rawls论说的是当今的社会政治原则与自由、平等、人权、独立等等制度、观念不必强调其来自某种特定的传统或文化，不必去追溯、探录、论证或归结于某种文化传统，如一般追溯或归结为古希腊平等的自由民，或基督教的上帝面前人人平等；Rawls认为只要证明这些规范是当今人们达成的“重叠共识”就可以了，便可避免很多无谓的争论和剧烈的冲突。这种看法似乎以前没人提出过，受到了学界的重视，被称之为“脱钩论”。“重叠共识”成了常见的术语，我也非常赞同。

问：你为什么赞同他的“脱钩论”？

答：这很简单。因为脱钩，才能把“两德”分开。不脱钩，不就变成“一德论”了？

问：那你的“两德论”与Rawls的“重叠共识”就完全一样？

答：否。尽管赞同，但我的“两德论”与之却仍有两大差异。

第一个差异是，我认为Rawls没有交代这种“重叠共识”有何基础、如何可能和有何来由，“两德论”对此却有所阐释。华东师大童世骏教授曾送我国外刊物上发表的他的一篇英文文章，题目是《关于“重叠共识”的“重叠共识”》，其中提及关于“重叠共识”有查尔斯·泰勒（C. Taylor）、哈贝马斯（Habermas）以及我的三种不同说法，指出我认为“重叠共识”的基础和来由是因为现代大工业生产、商品经济发展至今，日益全球一体化，从而以个体为单位、以契约为原则便成了各个地区各种社会结构和制度体系的共同的走势和“重叠”的“共识”。童称我为一种“马克思主义的解说”，但这又仍然不过是那张“伦理学总览表”中的那条第一个“情”（生产—生活情境，如英国中世纪晚期的羊毛贸易、开始机器生产等等）到“礼”（英国大宪章以来的政治走势和制度）和“理”（自由、平等、独立、人权等伦理意识和政治观念和理论，如Locke的《政府论》等等）的实线所表示的。“总览表”中的实线表示某种必然性的建构，虚线则是或然性的解构。例如在传统的宋明理学中，朱熹是实线，朱学以“理一分殊”作出乡规、族约、里规、祠议等等伦理道德的建构性的制度安排和观念体系，统治中国数百年之久，王阳明则只能是由理到礼的虚线，阳明学以强有力的自由意志对旧有秩序作解构性的挑战、破坏和颠覆，如大讲“端茶童子即是圣人”“满街都是圣人”等等，对旧有的礼法制度和观念、情感产生了重要的冲击，但并未能作出建构性的秩序安排和制度设计，从而始终未能成为统治社会的正统学说，明代中晚盛极一时后在清代便消歇。但阳明学在鼓励人们独立自主的意志方面却对后世起了巨大影响。

问：还是回到“现代社会性道德”这个问题吧。

答：中国在清末遇到了所谓李鸿章所说的“三千年未有之大变局”，这其实也就是西方以大工业商品生产对以家庭小农制生产—生活方式为基础的传统社会的入侵，特别加上中国在“船坚炮利”的外国侵略下不断失败，西方以空前的巨大物质力量在严重地解构传统的伦理—政治—宗教体系，给人们特别是士大夫知识人的思想、观念和情感上带来了空前的震撼和剧变。“传统宗教性道德”本身和统摄其下的社会性道德，完全不能适用和应对这个变局，“三纲六纪”“三从四德”等在日常生活中均开始动摇。敏感的梁启超便提出要分辨“私德”和“公德”。在他很快退缩回去后，十几年后却在陈独秀发出“伦理的觉悟是最后的觉悟”和“五四”运动“提倡新道德、反对旧道德”的高昂呐喊中，追求“公德”即个人自由、独立、平等、人权的思想、行动，便狂潮似的风靡一时，席卷当代，而直接与传统的礼教道德相冲突起来。当年清末立法论争中并非急进青年而是著名官僚、学者间的新旧两派关于“无夫奸”的激烈争辩，便是如此，其中极端的例子，是父亲杀死有男朋友（未婚）的女儿，因为女儿未守男女有别的传统道德竟私相交往，法庭判决竟是父无罪而男友处死。这似乎很符合礼教原则，但这在今天看来却是极度荒唐。这种“道德”观念，近百年前是真正的现实。我多次讲过，在三合一的礼教族权统治下，甚至1949年以前偏僻地区男女通奸便不论是非双方沉塘溺死的处置仍所在多有，今天即使在山区农村也可看到高高耸立的清代“贞节牌坊”以表彰夫死不嫁抚子成名的老年妇女。

“现代社会性道德”与现代理性启蒙紧相联系，它在思想、观念和情感上用理性论证了原有传统的宗教性道德的残忍和伪善，揭露了旧道德对人的全面性的束缚、损害和凶残，所以“五四”启蒙时期，婚姻自主、女孩剪发、男女同校等竟也成了新旧道德尖锐矛盾的启蒙主题，新旧双方争斗激烈（参见拙文《启蒙与救亡的双重变奏》1986年）。可见，提出和普及“现代社会性道德”的理性启蒙使西方从圣经—神学、中国从“四书五经”的礼教中解放出来。于是，什么是我？我不再只是父之子、子之父，妻之夫、夫之妻……个体有了“自我”的觉醒。从现实根源看，其社会基础仍然是劳动力的自由买卖冲破了传统的角色定位，“家和万事兴”不再是决定性的了，只留下了具有重要价值的情感意义和内涵。总之“齐家”与“治国”已无甚干系，角色伦理已失去社会基石，即使在不够充分具备这个经济基础的地区、国家，这种现代观念也会吸引人们特别是年轻一代而广泛传播。鲁迅曾提出“娜拉走后怎样”的问题，因当时妇女在社会中找到合适的职业和工作仍相当艰难。

这个似已相当古老的启蒙故事，实在不必再说。之所以再说，正是因为这个故事并未在实践中讲完，无论是中国还是世界。传统宗教性道德至今仍以各种变化了的方式在顽强地反对、抗拒、阻挠现代社会性道德的实现。包括近年“塔利班”政权、“基地组织”、“伊斯兰国”以歪曲《古兰经》的方式在作殊死斗争，由于社会公正远未解决，政教分离不能一蹴而就，“阿拉伯之春”的失败，便迅速蔓延起一股反动浪潮，造成了世界历史的可悲倒退。某些伊斯兰地区不许儿童接受现代学校教育，只读《古兰经》，与十多年前有的中国学人倡导不上学校只读经书、我当时称之为“蒙启”活动何其相似乃尔！历史具有各种偶然性，有曲折，有倒退，倒退可以十几年、几十年甚至更长，但对人类总体来说却不过一瞬，或迟或早，人们会回到“经济发展—个人自由—社会公正—政治民主”的正轨上来。我仍愿重复多年前的话语，来说明区分两德的重要性。总之，与“传统宗教性道德”和某种宗教信仰紧相联系不同，“现代社会性道德”是由公共理性所规范所建构（本文中，构建与建构二词一义），而可以与宗教信仰等等传统道德“脱钩”。

问：就是说，“两德论”与Rawls不同，是认为“现代社会性道德”有其经济基础的根源和不可阻挡性。那么，第二点差别呢?

答：第二点不同在于，Rawls在脱钩后，避而未谈“传统宗教性道德”与“现代社会性道德”的关系，似乎要将政治与道德完全割开，以至有人讥之为无道德的政治。其实，我认为Rawls讲的那些公共理性等规范就正是今日的现代社会性道德，问题在于这种新道德与传统道德二者之间有何或应有何种关系。Rawls没谈，而我的

“两德论”则恰恰非常重视，认为二者可以“脱钩”即区分，但不能完全脱离，并提出传统道德对现代社会性道德的某些部分（主要是情感部分）可以起某种“范导”（regulative principle）和适当构建（properly constitutive principle）的作用。其中如象征性的，美国总统就职宣誓时以手按圣经的仪式，英国、瑞典等国人民对保留至今的皇室仍有仰慕爱戴的情感；但也有负面而且实质性的，如前述美国激烈的反堕胎运动，等等，情感、信仰在这里的作用都非常之重要。它们与理性认知及其规范的“公德”有时有巨大差异而直至激烈冲突。

所以，最重要的是“适当构建”中的“适当”，这很难掌握，而必须根据各种具体“情境”，作出“度”的把握，其中特别是不能全面或过分构建，让情感替代了公共理性。上述十年读经运动的彻底失败，便是如此，它说明想以传统宗教性的礼教教育来替代或全面构建现代社会性道德之路，如某些学人所设想，是行不通的。这种“适当构建”需要长期的经验积累，因此现在只能做一种比较抽象的、原则性的提示。具体言，例如今日必须是“以法治国”（rule of law），不能再是以首领的道德或世人的道德来治国，不能再是“其身正，不令而行；其身不正，虽令不从”的“以人治国”，但是己身的正不正，又可以起到某种范导作用，教育下级、感染同僚，使百姓敬佩、人们亲近。又如，尽管外在传统的“角色”伦理关系已难保存，“天下无不是的父母”“父母在不远游”等角色具体规范已不可能再有，但亿万人次的春节返乡却依然可存。本来，人生下来就成长在一定的人际关系中，从来没有什么“原子个人”的自我，如前所述，我也从来不认同所谓“天赋人权”“人生而平等”以及“无知之幕”等等理论，因为它们都是非历史的。但我又一直认为这些并不正确的理论在历史上起了构建现代社会性道德和现代政经体制的伟大进步作用。今天它们虽然产生了许多重大失误而应加以修正或纠偏，但修正或纠偏的方向不应是仍以个人为本位的社群主义，而应是重情感的角色关系的传统儒学之路。所以，我先后提出了“和谐高于公正”“新一轮儒法互用”“历史与伦理二律背反中的度”以及将汉代以来的“原心论罪”“屈法伸情”“重视行权”“必也无讼”等作历史经验的参考。甚至主张承续“将功折罪”“戴罪立功”等传统经验使极有才能的官员犯罪判刑后仍能感恩戴德地继续工作和服务，不简单地就是“法律面前一律平等”，“公正”地一刀切。当然，这也属于较特殊的情况，仍然需要有特定、明确的法规来遵守执行。但它是传统道德对现代道德的范导和“适当”构建。这也就是我所主张的以“情本体（情理结构）”对“公共理性”的“外王”（体现现代社会性道德）作“范导和适当构建”之路。从而，儒学道德远不止于个体的“践仁尽性”“知天成圣”的“内圣”宗教之学，明矣。港台新儒家将儒学概括为“心性之学”，仅张扬其宗教导向，其误也明矣。

问：你认为“现代社会性道德”以劳动力自由买卖为特征的现代工业经济为基础，这是否经济决定论？

答：可是从一开始，我便说过，经济决定论只是从人类长期历史来看的观点，绝不是某种具体规律或“必然”，好些文化、文明的消失或毁灭并非经济衰退所致，如被外来武力征服，如宗教崇拜过甚，有学者便认为中国良渚文化、拉美玛雅文化是由过度宗教崇拜而导致经济衰颓、种族灭绝、文化消失。20世纪60、70年代的经济落后停滞甚至倒退，是政治统帅的结果，当年数千万人的死亡也不是水旱灾难所致……所有这些都没有什么“经济决定”，而是宗教、政治、武力（军事）决定了社会的状态和走向。

问：也有人认为，你这“两德论”，是否仍然是经济基础决定上层建筑的马克思理论？

答：我50年代就怀疑这一理论，当年文章中虽不敢也不否定，但曾经提出“上层建筑相对独立性的强度”这一迄今未被人注意的观点，它认为所谓“上层建筑”有其“相对”独立性，而且在具体时日和不同情况下有“强度”的不同，并认为在前资本主义社会“强度”大，皇帝一个想法或命令如开战，就会在根本上影响和改变整个社会生态，资本社会的经济倒具有更强的制约能力，例如美国总统四年一度的选举，很重要的因素便是看经济情况如何，如此等等。由于我强调历史有积累性，某些传统并不因经济基础的改变而改变，不仅可以而且需要保存和承续，所以，所谓“经济基础”和“上层建筑”这两个概念的不适用不符合经验就更明显。我后来不赞同也从不使用这两个概念了。

问：与此相联系的就是你这“现代社会性道德”与自由主义、与启蒙理性的关系问题了。

答：我从不否认它与自由主义、与启蒙理性密切相连，一直认为自由、平等、人权、自我以及科学、进步等这些启蒙理性和自由主义的基本观念在当代的普适性。我这里愿提供一些2018年美国华人超市所赠发的月份牌，因为其中保留了过去“黄历”（亦即“皇历”）即传统日历中每天“宜”“忌”作什么的具体规定（见下图），中国现在当然没有任何人会遵守了，但好些人至今也喜说哪天是“黄道吉日”可举办婚礼喜事等等，这日历表明，在传统社会中，几乎所有人所有行为、活动都应遵循的时日规范，这是“皇历”的重要内容。今日看来如此荒谬的规定，在百年前仍被视为不可更易，均应该执行的伦理道德。启蒙就是“启”的这个“蒙”——蒙昧、愚蠢、平庸之恶。

1950年国内皇历和2019年美国华人超市赠日历

问： 反启蒙、反理性是后现代主义的基础主调，你从20世纪80年代也一直表示反所谓“后现代”，与大多数当时年轻学人很不一致，你还写过救亡压倒启蒙的文章，是否在此再谈谈。

答： 问题太大，非本书本文所能和所应谈。所谓“启蒙”，是一个极为复杂的问题，历史上不同国家的启蒙也多种多样，其中的差异、矛盾、冲突和各种不同面相，异常明显。我仍分其为苏格兰的改良路线如亚当·斯密、休谟等与法国卢梭的激进路线，赞前而贬后。当然各种启蒙也都带有自身的许多弱点和缺陷。所有这些都给自尼采（Nietzsche）始的后现代主义反启蒙者带来了攻击、污蔑和摧毁启蒙的借口，许多中国学人东施效颦，邯郸学步，跟着这股时髦潮流喊叫，却非常现实地损害着中国现代化和现代性的进程。以致反启蒙成了学术主题，反理性成了主调，后现代与前现代便合流一致，有如我二十多年前所言（见1995年在中山大学的座谈会），真不幸而言中。

问：那“自由主义”呢？

答：启蒙与以个人为本位的自由主义的关系密切，所谓“自由主义”也是多种多样，花色极多，有关书籍，汗牛充栋。这里只简单重复的是，我一直认为，从来没有与群体毫无关系的“原子个人”，没有所谓“无负荷的自我”，所谓“天赋人权”与“王权神授”便同属荒谬，它们都只是一定历史时期的合理产物，只适用于一定的历史时期。启蒙理性张扬个性，崇尚自我，反对盲从、迷信，也是历史产物，但在当时以至今日都有非常积极的效用，它使科学、人本（以个体的人为本）、进步（包括物质生活和精神生活）大踏步地发展，造成空前的伟大功勋，不仅需要继承，而且应予发扬。启蒙理性和自由主义本身的缺陷、弱点以及留下来和种下的后世灾难，属于次要地位，但也应予重视和努力解决。在这基本观点上，我非常赞同并多次提过史蒂芬·平克（Steven Pinker），我完全不同意他的语言本能的看法，但在痛斥后现代反启蒙这个问题上我与他的许多论点包括对Nietzsche等人的责难贬斥，却非常一致。我所持仍一种历史主义的立场、观点和方法，而我之提出情本体（情理结构）和中国现代性（现代性≠现代化）也正是为此而发。我是一直反对许多后现代主义的观点，如否认精神、道德领域中的进步，反对科学，责斥理性，否定人本，等等，也如此。自由主义曾多次被宣告死亡，但至今并未被消灭，相反，想取缔它们而代以“传统宗教性道德”，如当今所大鼓吹的传统儒学来作为“现代社会性道德”和政治体制，却无疑将被否定，多少年后，时间会做出证实。

4 过犹不及

问：也就是说，因为文化、传统、宗教、社会发展程度，特别是“传统宗教性道德”在人们心理所占地位、程度不同，两种道德的关系，其范导和适当构建又会有不同？

答：对，过犹不及。全球老百姓都要求生存、生活、生命的改善，经济生活的进步无可阻挡，资本主义带来了前所未有的人类生活的进步，尽管也带来了许多灾难祸害，包括核泄漏、地球升温、环境污染，自然破坏以及大规模的屠杀、吸毒等等，但毕竟就整体来说，仍然是利大于弊，除极少数地区和国家外，人们的寿命有极大延长，家家有电器、洗衣机，夏有空调，冷有暖气，比传统社会的生活生存状态大有进步。中国不就如此？但当今学人都故意轻视漠视这些，只大讲传统社会如何之好。

问：这正是在以个体为单位的现代政治、法律保护下取得的。

答：对，但也不尽然，经济生活的进步和改善，并不能直接促进或改变原有的道德观念，沙特阿拉伯富得流油，却仍然是王位继承君主统治，也仍然是严厉打压女权，观念十分落后。所谓“上层建筑”并不会由于生产力或生产关系的经济基础的改变而自动改变、消亡，相反，传统观念、习俗、体制等等势力不可轻视和低估，所以也不可能把传统一概称作“私德”，在那里，它还是占据统治地位的“公德”，只是这“公德”是在“传统宗教性道德”管辖下的社会性道德罢了，即仍然是传统的两德不分，传统的道德观念在人们心中仍然占据极重要的甚至统治的地位。如前所多次提到，即使人在巴黎，某些女士们也仍然要自觉自愿地不露面孔。现代社会性道德在未全面落实和体现在制度法律上，就没有完全实现。因之有意思的是，在这种情况下，为实现现代社会性道德而终身奋斗，便可以成为个体安身立命、终极关怀的“宗教性”道德。在那里，传统性宗教是“公德”，而现代社会性道德成了一部分人寻觅和追随的“私德”了。实际上，当前世界各处正进行着一场倒退与反倒退、启蒙与反启蒙的各种较量。

问：所以有“阿拉伯之春”的掀起。

答：也如前所提及，“阿拉伯之春”我认为是失败了，把发达国家的“现代社会性道德”及其民主政治、法律观念强加于“传统宗教性道德”仍然占据统治地位的国家肯定失败。这也就是现代社会性道德之“过”。伊朗霍梅尼革命正是我为何要将“社会公正”放在“政治民主”之前的“四顺序”（经济发展—个人自由—社会公正—政治民主）的和提出两德说的起因。

问：你将此作为“教训”。

答：它使社会停滞、倒退几十年，许多革命也如此。法国大革命、十月革命的高调理想带来的是混乱和倒退。所以我一直主张改良、渐进。认为现在要的是自由，而非平等（实际是平均）。历史不断证明，追求平等的各种暴力革命所造成的灾祸不小。这离题已远，不多讲了。

问：可是你曾宣称自己并不是经济决定论，只是经济前提论。

答：对，经济只是前提，并非决定，不能直接决定其他一切，但可以也必然会影响其他。

问：传统的确强大，难以动摇。

答：又不尽然。但需要争取、斗争，如我所述，改良并不排除斗争，只是非大规模的流血暴力活动。如美国反“反堕胎”的运动，争取平等对待黑人的运动，争取同性恋合法的运动等等，它们有时也号称“革命”实际乃是改良。由于不断斗争，取得了巨大成就。虽然也还有遥远的路要走。

问：难道“过”除了向外，还有向内的吗？

答：“过”除了向政教合一或两德尚未有分离条件（这条件不仅指经济基础，而且也包括文化传统坚韧性的强弱等等）的地区、国家输出以所谓“普世价值”名义特别是政治民主等“现代社会性道德”观念，反而会引起动乱、战争之外，的确还有“内”的方面。

问：这方面指什么？

答：我一直认为，现代人文学院内反理性、反启蒙、反自由主义的巨大思潮，其实正是现代自由主义的弑父情结的亲生子，导致对非理性的崇拜和追随，所谓“后现代”只不过是现代主义的直线演绎的“极端现代”（见拙著《美学四讲》，1989年）。在社会现实状态中，自由、平等、人权、独立的现代社会性道德也催生出各种激进主义和无限制的相对主义等等。以美国为例，各种异常激进的女权主义者，激进的同性恋和激进的反同性恋者，各种种族、宗教的原教旨主义者，反拥枪和主拥枪者，“自由”地结成各种不同的“独立”的群体组织，“平等”地互相对骂，加上各种政治党派、经济利益集团和各种不同媒体的介入和兴风作浪，使现代社会性道德逐渐陷入崩毁离析，争斗不休，尖锐分裂，以致严重影响和破坏了社会稳定、人心安宁、秩序维护、人际和谐，也是“过”的一面。

问：中国又如何？

答：中国当然不存在“过”的问题，自晚清、民国特别自20世纪90年代以来，在经济、文化、思想意义上已作了不少积累。有名言道，妇女解放水平（如平等权利）是衡量人类解放水平的标志，所以我在伦理学上总要提及女权。就中国说，“妇女能顶半边天”在1949年以后确已在中国的思想意识和现实状况上达到相当高的水平。当然，现在学术界出现了以维护发扬传统为旗号的全面复古思潮，呼应着反启蒙反理性反进步反个体价值的西方后现代思潮，要以前现代的传统伦理道德作为今日社会生活、政教体制的规范、准则和法则，大讲“弟子规”之类的陈规陋习，甚至倡三纲，行跪拜，讲迷信，灭自我……实际上是前现代的沉渣泛起，所以我一直提倡重读鲁迅，这些就都属于“不及”。但在现实日常生活中，随着劳动力自由买卖、商品经济、契约原则和市场化的扩展，中国社会并没有在这些学者和“学说”面前低头或让步，而是仍然向前迈进，现代社会性道德在社会各阶层中日益扎根，维权意识日益普及，从城市到农村，从普通干部到打工仔，特别是在青年一代中，尽管曲折艰难，有各种严重的干扰和打压，却阻挡不住这股改良、渐进、自我解放和觉醒的历史洪流。“现代社会性道德”迟早将在中国全面贯彻和实现。当代学人似乎喜欢论证Hegel所说“现实的都是合理的”，却漠视恩格斯（Engels）在批评这句话时所说，Hegel还说过，“合理的”会一定成为现实的。

问：似乎太乐观了吧？

答：当然一切都不会坐等而至。所以我才不断强调儿童教育，强调上 “公民课”比读《三字经》重要，正如比读《古兰经》《圣经》重要一样。公民课是灌输现代社会所必须遵循的个体道德的行为规范，树立起相应的观念与情感，培养孩子从小便讲理性、守秩序、护公物、明权界、别公私，以及自由、平等、独立、人权等等观念。然后再加上《三字经》等传统典籍宣讲的孝亲敬师、长幼有序、勤奋好学、尊老扶幼、阅读历史、重视经验等等即以“传统宗教性道德”实乃儒学道德来范导和适当构建“现代社会性道德”，使二者交融汇合，情理和谐。并指出如果不以现代生活为基础和依据，不通过现代法治和现代社会性道德，而想以某种宗教性道德来全面整顿人心、安邦定国、惩治腐败，甚至构建政治，认为这是中国模式，那就无论学雷锋还是学孔子，无论提倡共产主义道德还是提倡儒家道德，我看都不能解决问题。

5 权利与善谁优先

问：《历史本体论》（2001）曾提出“善恶与对错分家”，明确对错与善恶有别便是对两德论来说的吧？

答：对。总之，不能用儒家的性善论或基督教的性恶论来构建现代法律、政治和道德。“作为现代社会性道德体现的法律精神和观念信仰，不应涉及人性善恶、人生意义、终极价值之类的宗教性课题。现代社会性道德不应以任何教义、主义为依据，而只是宣告保证每个个体有在不违反公共基本生活规范下去选择、追求信仰任何一种价值、意义、主义、教义的自由，亦即个体在现代社会生活中的基本权利。”（《历史本体论》）其特征也就是“权利（对错）优先于善（善恶）”。

问：但当前时髦的潮流是反对权利优先于善而主张善优先于权利，如社群主义和施特劳斯（Leo Strauss）等人的理论。

答：社群主义其实如前所说，是现代社会性道德所生发出来的“过”，它们与自由主义一样，都仍然是提倡以个人为单位的“美德”，例如回归Aristotle。我已在《回应桑德尔及其他》等论著中明确指出，即使Aristotle讲过人是人政治（城邦）动物，个体并不脱离群体，但它还是建筑在希腊自由民的个体之上的，与中国由家及国、家国相连迥然不同，强调的是家国不同，公私分明。这种Aristotle的美德伦理，仍然是以平等的个人为基础的“美德”，兄弟亦朋友，恰恰与中国传统美德，即有角色定位大不相同。如中国传统中，好朋友才称兄弟，以前还要以仪式来正式“结拜”为兄弟，而且是“长幼有序”“兄友弟恭”，兄弟也并不平等，而有观念和情感上从而相互关系的行为上的差异，等等。也正因为“善恶”的传统价值观念对人们现代行为的“对错”准则仍大有关联和影响，“现代社会性道德以理性的、有条件的、相互报偿的个人权利为基础，传统的宗教性道德则经常以情感的、无条件的、非互相报偿的责任义务为特征。人不是机器，在现实中即使循理而行，按社会性道德的公共理性规范而生存而生活，但毕竟有各种情感渗透、影响于其中，人际关系不可能纯理性，而总具有情感方面。两种道德的纠缠渗透，于群体于个人都是非常自然甚至必然的事情”（《历史本体论》）。以中国情本体的道德传统的善恶观念来范导而非构建现代社会性道德，从而仍然承认权利（the right，对错）优先于善（the good）。

问：当代社群主义和美德伦理学都以追求“好生活”（good life）即“善”（the good）来取代各为自己的现代“权利”（the right），并从而反对或否定启蒙思潮。中国现在学人们大肆鼓吹的传统道德就如此。那有什么不对？

答：各种宗教、文化对“善”、“好生活”、“幸福”（happiness）有各种不同的理论、学说和思想，而且每个个体对

“好生活”“善”“幸福”的认识和体验也各有不同选择、差异，甚至对立、冲突，特别涉及精神方面。这里很难有共同一致或“重叠共识”的“好生活”或“善”，而只有各自不同的宗教、文化的传统标准，因之，强调“善优先”反而会引起不同群体、不同宗教、不同文化、不同国家的矛盾和冲突。而“现代社会性道德”却以近现代经济物质生活为根基，即以保证人的物质性生存延续即吃饭哲学（食衣住行性健寿娱）的基本满足和不断改进，以“世俗性”的“幸福”为目标。这方面是可以有共同的标准、尺度和重叠共识的。正如今天世界上的人们大都弃油灯而用电灯，舍马车而坐汽车一样。这是人类生存生活即“人活着”非常基本的方面，现代社会正是通过强调“人是目的”和人的权利而不断实现和扩大这一“人活着”即生存生活的“幸福”的。“现代社会性道德”正是为了从个人内在心理树立起这一“公共理性”的公德规范，来帮助实现现代化的外在伦理、政治、制度、秩序的构建。这制度和秩序甩开精神上的信仰（价值中立）而使权利优先。只有肯定这一经济发展的同一趋向的基础，才能脱开对这种“权利优先”的“公共理性”“现代社会性道德”种种宗教、文化、道德的质疑和反对。所以，我一再说明现代社会性道德并不以“原子个人”“社会契约”等自由主义理念为真实根基，而是以现代人的生存、生活（“人活着”的现代经济—生活存在）为根基。而这种“公共理性”，当作为理性凝聚和心理形式的具体内容，成为人的自觉意识和自由意志时，它本身即是道德，即“现代社会性道德”（公德）。

问：所以善优先还是权利优先实质上是两德关系问题？

答：权利优先还是善优先？也就是做公民优先还是做基督徒（或穆斯林、印度教徒、佛教徒、儒生）优先？也就是生活优先还是灵魂优先？有人选择灵魂优先、做宗教徒优先，追求拯救心灵、超越世俗而舍弃世间一切幸福，作为个人和某些群体的自由选择，只要不严重干扰或危害社会或社会性公德，没有什么不可以。如美国阿米什人（Amish）拒绝现代文明，不用任何电器和汽车；某些宗教或政治团体反对自由平等，实行严格的等级、独裁制度，并没人去反对干涉。但不能使之成为社会的统治秩序和造成世界的"文明冲突"。爱子女还是爱父母或爱上帝优先，哪一些私德能"范导和适当构建"，都不是"现代社会性道德"所能决定的，而会因各种文化传统、宗教传统的不同而有差异。权利优先的公共理性所应保障的只是精神领域内的价值多元和自由选择的开放性，亦即我多年所说物质一元和精神多元。即使各种宗教性道德和不同的文明对社会性道德有所影响、范导和构建，但"现代社会性道德"由于有物质生活基础的公共理性作为准则，便可以求同存异，和而不同，并行不悖，以实现国内安宁和世界和平。Kant的永久和平论便是建立在诸共和国家基础之上，而不是建立在有某种宗教性道德或某种政治意识形态的大帝国基础之上。

问：你主张什么优先？

答：上面已表达得很明白了。在现代社会，我主张由现代经济生活所决定的权利优先，也就是现代社会性道德优先。正因为此，我主张政教分离，反对由各种宗教和传统文化来构建现代政治和现代伦理道德。但同时清醒意识到，各种宗教和文化传统仍将以各种方式作用于社会性道德，这不可避免而且可以予以适当认同。权利优先，贯彻着“人是目的”。善优先，则活生生有血有肉的人可以不是目的，灵魂、上帝、集体、革命才是目的。权利（对错）优先于善，因之，“9·11”恐怖分子就应当遭到谴责，他们是彻底“错了”，因为滥杀无辜，践踏人权，是“反人类罪”，上面已多次说过了。

6 和谐高于公正

问：但你又提倡“和谐高于公正”，它与“权利优先于善”不矛盾吗？

答：前者只是范导和适当构建，后者是全面构建，两者可能发生矛盾，如前述的两德可能发生冲突，但也可能相辅相成，关键就在掌握这个“适当”，这个“适当”也就是“度”。我的哲学认识论的第一范畴就是“度”。“度”也并不是中间、平衡、不偏不倚，它是一种变化的动态的把握，矫枉必须过正，但又不是处处矫枉必过正，这仍然由各种具体时空条件和情况才能确定。前面讲了不少“过犹不及”便是例证。“度”是实现在实践活动中，但当然有其思考、认识上的准备，所谓“审时度势”，就是如此，要思考、忖度各种情景、状况、尺度。所以才成为认识论的第一范畴。

问：在这个问题上中国如何？

答：中国问题，学者谈论甚多，我不必插嘴了。中国传统的礼教和其他宗教不同，适应“现代社会性道德”容易得多。坚持法治，辅以人情，以“现代社会性道德”为基础，中国礼教的德治、人治，可以是“情本体”传统的辅助力量，这个相辅相成的历史过程需要时间和积累大量的具体经验，但应该问题不大，也绝不会一帆风顺，仍然要经过长期的艰难的努力和斗争。

问：你讲的孟子的大丈夫的“自由意志”是否也可以辅助？

答：上面一节已讲，要承继大丈夫这种“自由意志”去开拓世界，但注意千万不要把这种“自由意志”的个体精神与现实物质上的个体利益混同起来。传统的“自由意志”是服务于“君”“国”“民”的。现代自由首先是服务和保护自己的生命财产等物质利益的，经济上的自由主义是政治、法律上的自由主义的前提，更是“人是目的”的观念意识上的自由主义的基础。它属于政治哲学范围，道德“自由意志”是道德心理学，两者不要混同。

问：那两者之间就没有积极方面的联系吗？

答：一开头不就说过吗。“现代社会性道德”基本上是一种理性建构，市场经济、法治规约、契约原则、保护私有财产等等，它们作为现代法律、政治的核心，再转而成为人们自觉执行的自由、平等的道德律令，还是谭嗣同说得透，“君臣朋友也”，“父子朋友也”，“兄弟朋友也”，“夫妇朋友也”，双方独立、平等、自由，这与中国“君不君，臣不可以不臣”，甚至“君要臣死，臣不得不死；父要子亡，子不得不亡”的绝对服从和人身依附等传统观念是大相径庭的。但在情感上，谭嗣同五伦皆朋友，又说不通，情感上允许和提倡非朋友的不平等，在伦理体制上则不能，这正是两德的差异。在破坏现有自由、平等的伦理体制时，挺身而出，仗义而为，不就是继承大丈夫的“自由意志”吗？那意志是具有情感和观念的。

问：所以，传统主要在“人情”上，在“情本体”上范导和适当构建？

答：对。如前所说，今天尽管基本上已是夫妻子女的小家庭，但“常回家去看看”，以及三代同堂、祖孙同乐，也仍然是今天的部分现实。经济分离独立，但中国现有法律仍规定子女有适当的养老义务。至今子呼父名，中国人仍不习惯，便可见一斑：情感上接受不了。至于社会上员工对待老板说话，虽訚訚如也，但上级可以“炒鱿鱼”，下级也可以独立自主，拂袖而去。今天不已经开始如此么，这恐怕是退不回去了。

自希腊以来，西方法庭高悬“公正”（justice）的理性规约作为判决的最高标准；从而也成为现代社会性道德的最高准则。中国传统的“范导和适当构建”是在现代“公正”的基础上，加上情本体的和谐（harmony）。孔子说，“听讼，吾犹人也，必也使无讼乎”，诉讼当然以“公正”为准，但如果没有诉讼的人际关系不更好吗？所以非常重视“和谐”，并以之为最高目标。人际关系的和谐、身心关系的和谐、人与自然环境的和谐，以及“天人合一”的和谐，从而行为中重协商、调解、合作，以之渗入、指引即“范导”理性至上、原子个人、绝对竞争、价值中立；另一方面，应明确，所谓“和谐高于公正”，是就人类未来远景、是就中国对未来世界的贡献来说的，作为它的哲学基础的“情本体”是我20世纪就提出的，但从当时至今，如上所说，我又坚决反对以“情本体”来取消、替代“现代社会性道德”。

问：你这两德说的“范导与适当构建”应能普遍适用，中西方有什么差别没有？

答： 有。我以为“孝—仁”与“博爱”、“大同理想”与“千年王国”，可能是中西宗教性道德对现代社会性道德“范导和适当构建”的主要差异。这也就是中国更讲究“由近及远”“己立立人”，一直到“仁民爱物”“民吾同胞，物吾与也”的“孝—仁”，不同于远近如一、一视同仁的“博爱”；追求世间生活及其细节（如中国人很爱看、西方人不屑一顾的《红楼梦》）中人际情理的和谐均衡，不同于在人人平等对个体的最后审判中使灵魂永生进入天堂。

问： 这也就是你所强调的情——人情、亲情、爱情、友情、乡园情、家国情……本身具有价值。

答： “情”本身具有巨大价值，不仅不应为理性排斥，而且位居理性之上。心、性、理、道均为理性概念，只有“情”既有理性内涵，又是感性实在，且属价值源头，因为它正是人类生存延续和具体呈现。历史不只是事件、人物、数字，而是亿万人无数代的充满悲欢离合的生活本身，所以，我讲“情理结构”、讲“历史进入形上”。

问： 你以“和谐”高于“公正”，在伦理—道德理论上区别中西，是你讲“情本体”的应有之意？

答： 《圣经》和希腊哲学实质上都以“理”胜。在西方，logos是逻辑、理性、语言，强调的是理性对感情的主宰和统治。中国传统虽也强调“理”，但认为“理”由“情”（人情）生，“理”是“情”的外在形式，这就是“称情而节文”的“礼”。孔孟不说了，郭店竹简（属原典儒学）也一再说，“道始于情”，“礼生于情”，“苟以其情，虽过不恶”，等等。特别值得注意的是，即使同样讲情（或爱），也仍有不同。基督教讲的是理性主宰感情的情爱，人之所以爱人是因为人应当听从上帝的旨意而爱。从而这“爱”便是一种理性的命令和要求。中国讲的是理性融入感情，人之所以爱人（首先是爱父母子女）是由生物性自然情感提升而来，是一种理性化了的自然情感。所以说，前者是“道始于理”，后者是“道始于情”。尽管基督徒不赞成甚至反对Kant那种“无情才道德”的理性主义，强调上帝的爱、基督的爱（情感）才是道德的基础和动力，但这种爱却恰好是理性（通由上帝这一观念）来主宰和决定的。所以，在根本上人所以爱和所以能爱都不由于人自己，更与人的自然情欲无关，它是因为上帝命令人如此。此爱非来自世间，它来自实乃理性的“圣爱”，从而它远远高出于任何世间人际的关系、律令、规则，所以也才能无远弗届。这才是“真理、道路和生命”。从而，真正的爱完全不能起因于或归结为任何世间人际的某种原因，更不能是动物性的血缘亲情所能生发。

如前所说，与此相反，儒家所倡导的伦常道德和人际感情却都与群居动物的自然本能有关：夫妻之于性爱，亲子、兄弟之有血缘，朋友之与群居动物社交本性。从而儒家的情爱，可说是由动物本能情欲即自然情感所提升（社会化）的理性情感。虽然最初阶段（无论是原始民族或儿童教育）都有理性的强制和主宰，但最终却是以理性融化在感性中为特色，与始终以理性（实际是知性特定观念）绝对主宰控制有所不同。中国文化传统对经由内心情理分裂、灵肉受虐、惨厉苦痛即由理性在残酷冲突中绝对主宰感性而取得净化升华，是比较陌生的。三十余年前我说，中国人崇拜的菩萨或肃穆庄严或慈眉善目，甚或威猛狰狞，但都不会是血淋淋的十字架或Abraham奉命杀子的恐惧、战栗的痛苦（参见拙作《中国思想史杂谈》1985）。总之，上帝（基督教）是一种理性的信仰，“天、地、国、亲、师”是一种人情的信仰。这种不同也就是我所讲的两个世界（基督教、Plato）和一个世界（中国）、宗教传统（西）和巫史传统（中）的不同：后者是一个世界（人生）中对自然生物情感做理性化提升，所以讲身心合一、天人合一、物质生活精神生命的合一；前者是两个世界中上帝旨意的绝对性，所以讲原罪、讲拯救、讲灵魂对身体的绝对超越。在后者（巫史传统），理性只是工具，世俗人情才是根本；在前者（宗教传统），理性就是上帝本身，世俗人情远为次要。当然，我讲“情本体”并非专指中国传统，它有人类普遍性。但如上述什么样的情仍有区别，所以才提出上述“始于理”与“始于情”。

问：为什么有此不同？

答：这就涉及历史了。这种差别，我以为有社会历史的基础背景。中国文化传统成熟巩固在新石器漫长时期，它以定居农业和血缘氏族制度为基础。希伯来人和希腊人则游牧、航海、商业和奴隶制占了更大比例。

问：上章中谈善恶观念时，你说这是两种不同的形上“设定”，这个语词易生误解，其实是不同环境、条件下的历史不同产物？

答：对。所谓“设定”并非某人或某群人的有意识的理性假设，而是指因为在不同环境条件下的自然形成，也就是已经讲过的“礼源于俗”，极端困苦艰难的背景下产生了严厉、苛刻具有绝对主宰的唯一人格神，如犹太教（基督教和伊斯兰是它的后续）；相对和谐稳定、异常久远漫长的农耕的环境产生可以“怨天”“咒天”“制天命”，“天”并无绝对主宰，自然界山水花鸟倒可以“四时佳兴与人同”，产生“有情宇宙观”的儒学。这也就是以和平的“人文教化”的儒学而非罗马帝国以强劲式力量一统和维系庞大的“天下”帝国。这点钱穆也讲过。

问：所以氏族成员温情脉脉的关系感情（中）与奴隶只是会说话工具的社会理性（西）迥然不同了。

答：记得我以前说过，像罗马斗兽场“率兽以食人”的表演观赏便将为儒家所排斥。在中国，“义”作为道德义务、责任（duty，obligation），虽与公正、正义（justice）相连，但它不是理性的绝对命令，而是综合、平衡和剪裁了各种人情所得到的最终结果。“义”当然以“公正”为主，但仍有“情”的渗入，如中国人的报恩的观念，情感便更为浓厚，正如梁漱溟所说“其情愈厚，其义愈重”，与二千多年郭店竹简说的“始者近情，终者近义”竟完全一致。所以中国人总爱说“理无可恕，情有可原”“合情合理”“通情达理”等等。在这里，不但（人）“情”冲淡、缓和了“公正”（理），而且“情”的和谐常常也高于“理”。所以才说“和为贵”，而并不去追求一个是非、公正的绝对标准。这也是实用理性不同于先验理性的地方。

问：实际上乃是上章所说两种不同的善恶设定，不同的形上观点或理论。

答：对。“有情的宇宙观”是人类学历史本体所承续的中国形上理论，希腊的Cosmos是理性的秩序，中国古代的Cosmos是具有情感的宇宙，西方追求的是自然之上或高于自然的基础，中国追求的是在自然本身的社会人文的基础，所以说“天地之大德曰生”，即赋予宇宙自然的天地本身以人的情感。德与生、价值与事实便从而同源于人类的生存延续，是人与宇宙自然的协同共在，这是一个世界的巫史传统，而非两个世界的“超验”与“世俗”。中国的“天”不只是heaven，而且也是sky，王国维说“天”是“苍苍之物质具有天帝之精神者也”。这里不是灵肉两分，而是身心合一。宋明儒学在思辨上已触及这个问题，也许是西方乐土的佛学影响而未能解决吧？！

问：你讲了许多“情本体”，却仍然在伦理学上是“理主宰情”。

答：这也就是“新一轮儒法互用”，转换性地创造传统的现代荀学，是“孔—荀—董—朱”在新基础上（亦即现代社会生活和现代社会性道德的基础上）的承续、扬弃和发展，“情本体”是情理结构的文化心理的形成和发展，情有生物基础，理乃工具促成，人性乃两者的交相构造。没有情，人等于机器；没有理，人等于动物。这似太平常却非常简明的说法，不必扔弃，并且，让一切高妙的理论回到这个“平凡的真理”中来吧。总之，现代性不等于现代化，但现代性必须建立在现代化之上。寻求中国现代性之路，其中要害之一便是如何能以“传统宗教性道德”范导和适当（而非决定）建构“现代社会性道德”。

问：“权利优先于善”显然是“现代社会性道德”，“和谐高于公正”便是“传统宗教性道德”，这样理解对否？

答：对。这也就是我以“情本体”所寻求的中国现代性的特征之一。它是中国的，对世界特别是未来世界具有普适性。在今日现实生活中，如我以前所再三点明，众多民事纠纷以及刑事诉讼中，重调解、协商，不伤感情，讲将功折罪、戴罪立功等等，而不用法庭的“公正”一刀切，也就是指这种“范导和适当构建”，但它们又必须是建立在“公正”这个基础上，而不是以“人情”了断一切。凡此种种，繁多博杂，就不是这个“述要”所能多说的了。以此作结，如何？

结　语

问：该结束了，能否再概括一下？

答：简单说来即是：承继中国传统，在人类学历史本体论哲学视角下，从“人之所以为人”出发，突出三个要点，即标题所展示的。

问：还想说点什么？

答：那就说几句“述要”这个小册子本身吧。

问：说说它的来由。

答：也没什么来由，就是近些年来我陆续发表了一些有关伦理学的文章、自拟的答问、对谈，绝大部分都收入青岛出版社、人民文学出版社出版的《人类学历史本体论》一书“伦理学纲要”和北京三联书店出版的《伦理学纲要续篇》，因系不同年月的写作和论议，繁复有余，重叠屡见，有点散漫无章，早想规整一下，今经马群林先生大力协作、不断鼓励，遂拆散旧著，摘要组接，剪贴裁拼，再加补益，新意无多，新貌或显，似略成统系，乃谬称新说，其详，仍请参阅拙作旧著并望指教是幸。总之，“新说述要”实旧作剪贴也，见笑了，仍乞谅之。

2018 年 11 月波斋

（原载《中国文化书院导师文集·李泽厚卷》，略有增补）

附　录

伦理学杂谈（2018）

1 伦理学的基本架构

刘悦笛（简称“刘”）：您的伦理学，您自认为最重要之处在哪里？

李泽厚（简称“李”）：有三点：第一，从伦理到道德……

刘：对，您着力区分出伦理与道德。

李：我是从伦理到道德，牟宗三、杜维明他们则是从道德到伦理。

刘：哦？这等会儿再问。

李：第二，“两德论”。

刘：“现代社会性道德”与“传统宗教性道德”之分。

李：这个与现实相关，所以讲得较多。

刘：与现代社会形成“重叠共识”。那第三呢？

李：观念、意志和……

刘：和情感。

李：这是道德要素。

刘：道德要素三分说！

李：我的伦理学，比我的美学可能更简明清晰。

刘：看来您是更看重您的伦理学喽。

李：伦理学的现实性很强，对社会直接影响大。

刘：伦理学高于美学?

李：你这“高”是什么意思？不清楚。你说自己受分析哲学影响很深，我不这样看，我觉得你常常用的概念便不很清楚，不是高不高的问题，伦理学的著作之所以远超美学著作，因为与人类现实关系太密切了。

刘：从学科看是如此，但广义的美学在中国很特殊，美学是未来的伦理学，我说的是价值论上，美学高于伦理学。

李：总之，伦理学与人类现实生存，关系更密切。

刘：吃饭哲学！

李：但我的伦理学主要是讲形式结构……

刘：对呀，我觉得是Kant化。

李：不对。

刘：那是什么？

李：Kant加Hegel。

刘：Kant是“形式”伦理，Hegel则是“内容”伦理。

李：两种道德论，现在越来越被人注意，就因此故。

刘：回到开头您说的那句：从道德到伦理，从伦理到道德。

李：从道德到伦理，就是牟宗三、杜维明路线，就是由内而外嘛。

刘：明白了！从伦理到道德，乃是由外而内；从道德到伦理，则是由内而外，也就是心性化的路子。

2 “情本体”其实仍是理性的

李：所以我讲，你要讲先验的恻隐之心，又要讲我这个，总想折中调和，那是不可能的。

刘：讲以情为本。

李：与讲情有关，也可无关，但二者不可能调和的。

刘：折中之路不可行。

李：所以，我很明确地讲：我就反对孟子讲的不学而能，不虑而知。

刘：“人之所不学而能者，其良能也；所不虑而知者，其良知也！”

李：我在这篇文章，最近在《中国文化》发表的那篇文章，就讲……

刘：主要讲什么？

李：我明确指出，这已经偏离了孔子。

刘：颜渊更接近孔子，内圣而外王，绝不偏废，而非子思和孟子，这就是我最新提出的——回到颜子去！

李：颜渊材料不足，我不能讲。孔子就没有讲过性善性恶，孔子强调的是学。我说过基督教的第一个字是信，儒学第一个字是学。

刘：以学为首，也是后世编《论语》所为吧。

李：孔子自己讲不是生而知之者，连孔子都不是生而知之者，那谁还是生而知之者？哈哈哈……虽然也说过有生而知之者，那只是一句空话。

刘：哈哈，对呀！

李：这不很清楚吗！

刘：清楚。您是讲从伦理到道德……

李：所以，从伦理到道德，就是重视历史，重视教育。

刘：怎么讲？

李：从个体来说，重视教育；从人类来说，重视历史！

刘：说得好！

李：什么是伦理呢，就是三要素中的观念嘛！

刘：嗯嗯。

李：人类观念随着历史的变化而变化。伦理规范正是如此。伦理规范构成了人们心理内容，它是理性的概念和判断等等，没错吧。

刘：没错。

李：所以，它不是以情感为本体的，它还是理性的。

刘："情本体"，仍是理性的？

李：你以为从道德到伦理就贯彻了"情本体"，恻隐之心作起点就彻底贯彻了"情本体"，这恰恰错了。

刘：为什么呢？

李：你说，情是唯一的，那就错了！

刘：我是说，情理合一，贯彻到底！

李：但情理如何合一、如何贯彻？你并没讲。刘绪源讲了，所以我推崇他。我讲，孟子的最大贡献，恰恰强调的是理性做主的自由意志。

刘："自由意志"就是理性的。

李："自由意志"是伦理学的核心。

刘：那不成意志伦理学了？

李：对。伦理学的核心就是"自由意志"，这是Kant最了不起的地方。它是道德行为的理性形式和行动力量。

刘：说Kant也对！

李：我举的例子不是很多嘛！我讲，"9·11"救火的时候，那些救火队员……

刘：往前冲！

李：不是由于爱去救！而是我的义务嘛！

刘：那是！

李：道德义务就是"自由意志"：我选择这个行业，我是已准备在需要时去牺牲的嘛。

刘：对！

李：不是由爱救人。那些恐怖分子，不是因为恨这两个楼里的人，而是为了"圣战"献身。

刘：这关乎宗教与文明冲突。

李：概念又不清楚。宗教也是一种文明，动物有宗教？这是两种道德观念冲突的突出表现，传统的错误宗教观念与现代社会性正确道德观念的严重冲突。

刘：关键在哪里?

李：Kant把“自由意志”“实践理性”同经验划分开来，不是出自经验，是履行理性命令，非常了不起，但完全脱离经验，也不能具体实行，理性意志必须以理性观念为内容，我所以讲Kant加Hegel，它也最好有强烈感情作助动，所以加上Hume，正好三要素。

刘：Kant反Hume，趋于理性建构。

李：所以“自由意志”不是什么恻隐之心，不是什么同情，不是什么爱!

刘：嗯。

李：以为到处强调爱，就是“情本体”，“情本体”恰恰不是这个意思，“情本体”强调的是情理结构。

刘：讲情本，不讲爱?

李：我没说不讲爱，你又不遵守逻辑，我这篇文章把这又讲了一下……

刘：讲了什么?

李：有的时候，情感必须服从理智的支配。

刘：嗯。

李：这才是贯彻“自由意志”，这才是真正的“情本体”。

刘：明白了，“情本体”实乃理性主导的。

李：什么叫主导?不清楚。

刘：您的以理导情的“情本体”，这还不清楚?难道情理平衡，也是调和论?

李：什么叫平衡?更不清楚了，说主导还可以，但不能这样笼统概括。

3 王阳明强调“自由意志”

李：我强调“自由意志”的出现，有时会有强烈的经验情感做重要助力。虽然这种情感并非道德情感，而是一般的爱憎情感、恻隐之心等等。我重视这个助力，这与Kant不同。

刘：您还是以Kant为主，以Hume为辅，或以Hume的情感助力来补充Kant的理性主导，再将Hegel的内容注入Kant的形式之内。

李：不完全对。是以中国传统为主，吸收Kant、Hume和Hegel。中国传统强调是非之心与好恶之心同时培育，王阳明不说是非终究是好恶吗。

刘：是非比好恶之心理性多一些吧。

李：是非之心要变成好恶之心，要持久锻炼，才能成功，即变成了直觉，变成如味觉嗅觉视觉似的恶恶臭好好色一样，即所谓一念生处，即是良知。

刘：良知翻译成英文有一种就是intuitive knowledge。

李：就变成一种直觉性的，即知即行。

刘：一念发动处，即是知，亦是行也！

李：王阳明最重要的，恰恰强调的是这个“自由意志”，即力行。力行也就是我讲的道德是做不做的问题，不是知不知的问题。

王可说是承续了孟子的集义、持志、养气，加上佛教禅宗的某些东西。

刘：这是他的伦理学——致良知。

李：所以，王阳明不能成为一种统治哲学，但是它有一种反抗精神，为后人所继承。

刘：反抗哲学，呵呵。

李：这种精神在明末和近代起了很大的作用。阳明说“求之于心而非也，虽其言出自孔子，不敢以为是也”（传习录中），孔子的话都不一定是句句真理，何况其他。所以有一种思想解放和反抗权威、打破陈规的行动力量。

刘：您对阳明身后五百年的理解有新意，反抗精神！

李：也并非新意，以前也有人讲过。总之，要立志嘛。

刘：立志与“自由意志”！

李：立志，这不是生下来就有的，要自己去立。阳明强调下学，其实指的就是要培养意志，不是指学知识。

刘：嗯。

李：有大环境和小环境。

刘：对。

李：自觉与不自觉地形成，好像是自然形成的东西，实际上不是的。

刘：这是我最近才转过的弯子。

李：我很早便讲过，几乎没人理睬，你愿意接受？

刘：我刚接受。

李：你愿意接受？

刘：这我接受了。

李：只有这样才能有创造性的发展。但第一，这来自我的自然人化的基本哲学观点，你尚未接受。你基本上还是西方流行的情感主义，人兽不分，还是几年前带来给我的那一大堆英文文献如基本情感研究等等。因此第二，当一直占主流地位的先验人性论一进攻，你又会回到讲恻隐之心是道德本源的所谓情本上去。你现在不是还讲动物也有情感，反对区分情绪与情感吗?

刘：确有分歧，您一直强调创造。

李：我以为牟宗三他们走的都是老路，所以我说他们在基本理论贡献上并未超过宋明，只是引进西方哲学，分析梳理得精细确当许多。

刘：追阳明。

李：我这一套，那些搞儒学的丝毫不感兴趣，他们认为根本不是儒学，其实只有不断吸取特别是消化非儒学的外来学说，儒学才能发展，儒学二、三期均如此。死抱硬抠儒学旧有章句，是不会有大出息好前景的。

刘：是呀。

李：就继承了古代的一些典籍，加些现代名词和词语的解释和附会，就算是搞儒学，就算是发展儒学……

刘：这还是主流做法吧。

李：哈哈哈……

4 每个时代儒学吸收不同

李：汉代儒学，恰恰是董仲舒这些人，在根本上吸收消化了道家、法家、墨家特别是阴阳家……

刘：不是儒学的……

李：阴阳实际上是阴阳家的，但把它们拉进来甚至成了建构新儒学即汉代天人论儒学的骨架，把墨家拿进来，成为汉代以来的著名的孝弟力田传统……

刘：对，政治儒学是阴阳化的。

李：宋明儒学，宋明理学，也是受到佛教的影响。

刘：没错。

李：董仲舒讲的是"天人感应"，讲天谴，讲灾异。

刘：对。

李：宋儒讲的不是这些，讲的是"理""气""心""性"这些……

刘：嗯，那启示是……

李：要吸收和消化外来的东西才能有创新和发展。中国文明素来如此。

刘：同意！

李：我是吸收了Kant、Marx，特别是加上现代科学，哈哈哈……

刘：打通中西嘛！

李：还有现代科学。对我的东西的将来，我非常放心。

刘：呵呵。

李：暂时没有人注意没有关系。我就笑，朱熹死的时候，他还是“伪学”，不让人去告别嘛；王阳明死后四十年，他的书才让出版。

刘：是吧。

李：死后四十年！成为禁书。大概这些你都不熟悉。

刘：我倒对阳明生平很了解，不知身后境遇……

李：一切都不是那么简单。

刘：嗯，感叹。

李：王船山更是埋没了几百年。

刘：生前名和身后名。

李：倒不是名利问题，那是次要的，重要的是许多时候真理不大容易被人们接受，或害怕接受。我多次说过，包括Einstein的相对论，一开始也受到当时的大物理学家的反对和指责。Kant也如此。我坚持我的哲学，倒也从不怕任何挑战，哈哈哈……

刘：哈哈哈。

李：正好像“实践美学”，我现在一点都没有改，从20世纪50年代到现在。

刘：也是，也倒是。

李：我看你那篇英文文章（指拙文“From ‘Practice’ to

‘Living’： Main Trends of Chinese Aesthetics in the Past 40 Years”），后来，什么后实践美学，新实践美学，生命美学！还有你的生活美学呀……

刘：在您看来……

李：我讲都是倒退！在根本理论倒退到费尔巴哈（Feuerbach），好像现在也没多大声息了？也许你那现在西方流行的生活美学要红火一点？

刘：哈哈，“生活美学”绝不是倒退，乃是新世纪国际美学的最新主潮。

李：最新主潮可以是时髦，而不是什么前进。2004年你开始大搞生活美学时，我就问过你：什么是生活？你一直没回答。

刘：哈。

李：又多少年了！生活首先是人的衣食住行嘛，衣食住行是建立在生产实践基础上的嘛，所以我坚持狭义的实践概念不改，广义的实践、人的生命、生活必须以此为根本，生活美学也必须在这基础上展开，如《美学四讲》中社会美所讲。

刘：还真是时光太快，但“生活美学”并不限于社会那部分，并可以由此来看艺术和观自然。

李：艺术和观赏自然也是从社会发展中生长出来的嘛，这我已在《美学四讲》中交代清楚了。

5 由外而内的历史“积淀”

刘：再重复一遍，您是从道德到伦理，对不对？

李：从伦理到道德！怎么是从道德到伦理？你说接受我，却基本观点都未弄清楚。

刘：我问错了。

李：由外而内嘛。

刘：没错！

李：你继续问。

刘：那这是不是就是“经验变先验”呢？

李：“经验变先验”，比这范围广阔得多。

刘：哦，要更广……

李：包括认识论上也是这样。

刘：认识论！

李：因为你现在的一些观念，教你的那些基本概念，也是学来的嘛。

刘：这很荀子嘛！

李：概念怎么来的？

刘：怎么来的？

李：它经过历史、长期积淀出来的嘛！

刘：对，经过历史“积淀”而来。

李：《批判哲学的批判》便讲过，几何学的点线面怎么来的？它是测量土地当中出来的嘛。

刘：哈哈，来自实践！

李：原来就是实用的技术，后来才抽象出来。

刘：从实用到抽象。

李：伦理学更是这样。

刘：怎样？

李：原来都是群体生存所要求的社会规范嘛。它们总常以宗教形式出现。各种宗教都有人人必须服从和遵守的规范性的戒律，“摩西十诫”这些东西……我在《孔子再评价》就引过刘师培讲的“礼出于俗”。

刘：一共基本的十条。

李：不能杀人，不能偷盗……后来就成为一些先验原则、上帝律令、神的旨意……

刘：对对对。

李：因为任何一个群体社会，为了生存，就需要一些规则规范，并且必须把它们说成是上述的上帝律令、天的旨意、天理、良知。人们才服从遵守。

刘：这就是由“礼”变成“仁”吧。

李：这就是由伦理到道德，由社会规范进入个体心理。

刘：嗯。

李：某些动物也有这个，人类把它大大地提高了、深化了，也就是理性化了，而且成为历史的东西，通过语言，一代一代传下来。

刘：代代相传！

李：对个体来说，就是先验的东西。

刘：嗯。

李：它是人类历史积累……

刘：“积淀”的结果！

李：对，积累沉淀。

刘：您的“积淀”，这是您20世纪手稿里面首提的。

李：积累沉淀，就是“积淀”。

刘：“积淀”，乃是积累沉淀的缩写。

李：积累沉淀就是“积淀”，这是我创造的词汇。现在很多人不知道，以为以前就有这词。

刘：哈哈。

李：我喜欢我创造的新词，看起来就像是旧有的，如“儒道互补”就是我创造的。

刘：对。

李：这种看法，早就有了，但没有人用过这词语，台湾一位学者写了一本书，其中他考证出这词是我新造的。其实当时也并未被普遍接受，一位宗教所的老学者曾大怒说，儒道素来对立怎能说互补？但不久就被广泛使用和流行，却不知是我造的词语。

刘：从日版汉学到民国时期都曾有这个思想意味。

李：但是，这个词，是我创造的。

刘：是吧。

李：我造的词，恰恰好像是有过的，“积淀”也是这样。今天的“情理结构”也如此，英文中没有，当然还未被大家接受，你是用得较早的一位，如同“巫史传统”一样。实用理性、乐感文化现在也有些人在用了，虽然还不多，九十年代初被张岱年大骂为“胡说八道”。

刘：好像当初就有争论。

李：例如积淀。那时候，赵宋光说他要用“淀积”，争了半天，他用他的，我用我的。

刘：哈哈哈，结果……

李：我的这个流行，他的那个没流行。

刘：进入《现代汉语词典》了。

李：2004年，他还是用“淀积”嘛。

刘：记得，我们一起在北京第二外国语学院开的会。

李：所以，积累就是历史，沉淀就是进入心理。

刘：这个说得好，很明确！

6　“文化心理结构”不是“心理文化结构”

李：我的概念都很明确。20世纪50年代我读过一些分析哲学，当时如日中天，但我不认为它是哲学，而是很重要的、非常必要的现代思辨工具。中国学人不重视它，所以老是概念不清说理不明，甚至自相矛盾也不觉察。至于你提及的“文化心理结构”这个词汇也是有很多背景，不是突然提出来的。

刘：对，进入心理，然后就是“心理文化结构”。

李：“文化心理结构”，不是“心理文化结构”。这在一篇答问中强调说过。

刘：为何不可互换？

李：所以那个时候，邹说，那位死的时候芝加哥大学降半旗志哀的华裔学者……

刘：他说什么？

李：他说，我们西方都是“心理文化结构”，你的这个“文化心理结构”哪里来的？

刘：来自哪里？

李：我说是我自己造的。

刘：哈哈，西方是心理学的，没错。

李：因为习惯于从个体出发，西方一般都是“心理文化结构”，但是我后来发现美国人也用过“文化心理结构”。

刘：哦？

李：但是没有像我这样——提高到这么重要的角度来用。

刘：对，哲学高度。

李：大家习惯上用心理到文化，我是文化到心理。

刘：从文化到心理，深意何在？

李：出发点不同，我是从群体出发。人的心理之所以不同于动物性，就是因为有群体社会的“文化积淀”，这也就是由伦理到道德嘛，然后积淀到先天不同的个体而又有差异。你始终似乎并不了解我在讲什么。

刘：还原主义的简单化！

李：怎么是还原主义呢，你特别喜欢用一些并不清楚的大词汇来概括、判断或述说。我当年不赞成你跟随西方来搞情感哲学，把动物的情感与人的情感等同视之，把人情等同于动物的情，那才是还原主义！

刘：动物情绪与人情不可等同。

李：你带来的那些文章，尽管有一些很有名，我是完全不赞成的，我也一直反对西方学者讲动物也有道德，有政治权术（《黑猩猩的政治》）有宗教（黑猩猩有巫术仪式）等等。

刘：为什么？

李：基本点错了。

刘：我倒看了几年。

李：人和动物的区分在哪儿？还是那句老话：创造使用工具，从而“心理结构”不同嘛，

刘：对嘛。

李：最近你发给我那篇讲五四的文章也好（指启蒙与救亡文），其实，我要讲的就是要改变“文化心理结构”。

刘：我的那篇最新文章叫《“救亡压倒启蒙”，本无可争议》。

李：今天之所以造成这样的局面，一个原因，就是中国老百姓的“文化心理结构”在起作用。

刘：嗯，深入！

李：我的“文化心理结构”是一贯的理论，而且可以实用。

刘：嗯。

李：那文章三十年了，可悲也矣。

刘：是呀，三十年。

李：原因之一，不是主要原因，是次要的，即有旧的“文化心理结构”在作支持。

刘：对对，这个“文化心理结构”的更新，还真很重要！

7 解说王阳明“四句教”

刘：最近做王阳明“知行合一”研究，才发现，您讲的伦理三要素的重要性！

李：哦……

刘：原来以为三要素，就是一个结构性的，做这个才知道太重要了。

李：嗯。

刘：因为什么是知行合一？里面的三要素怎么分？观念是如何变成直觉？

李：嗯。

刘：所以，您的伦理学架构，第三点，最重要！三要素，较之伦理与道德之分，还有两德论，才是更为内在而重要的。

李：哪一点重要呢？

刘：就是三要素呀，伦理三要素，这才是伦理学的核心。

李：不是伦理三要素，是道德三要素。

刘：从伦理到道德，只是你的伦理学基本定位；两德论，则是由古而今的“重叠共识”嘛。

李：根本不是古今重叠。我那三要素特别是它的结构很重要，我认为以前的伦理学没有像我讲得这么清楚 ，但以后还应仔细探究这结构的多样和复杂，例如它们如何在不同具体情境中比例次序的差异等等，但我没法做了。

刘：哈哈哈……

李：包括Habermas，Habermas把道德和伦理分清了吗？

刘：对。

李：道德当然是个人义务，问题是什么是义务就不一样呀。

刘：比如……

李：今天的义务与一百年前的义务好些便很不一样呀。那是观念的变化嘛，怎么能够……

刘：嗯嗯。

李：桑塔耶拿（Santyanna）不是也作区分吗，分为“前理性”呀、“理性”呀、“后理性”呀……这讲不清楚的。

刘：有这么分的。

李：我这个区分很清楚。首先是伦理与道德的二分，然后是道德心理的观念、意志与情感的三分。道德是个人行为和心理，因为道德必须有行为嘛，而行为是在一定的心理之下支配的。

刘：嗯，从知到行。

李：所以道德是个体的行为和心理，这非常清楚嘛。

刘：对。

李：已无数次讲过了，伦理就是外在的社会的规范，亦即行为的规范，它对个人来说，规范就是观念。我那张表不明确点清了吗。

刘：这就是说，道德是内，伦理则外！

李：伦理的范围很广嘛，从法律到习惯都属于。我记得还引用过文化人类学大家C. Geertz所说，文化最好不要被看作就是那些具体行为模式如风俗、习惯、传统等等，而要看作是一套统治行为的控制机制，人正是这套人身之外的控制机制指挥其行为的动物。你可去看看他那本名著《文化的解释》。

刘：从法律到规范。20世纪80年代您就引用过Geertz，研究生考试时还考了他。

李：这是观念嘛，社会习惯也属于观念嘛，但它们都是可以变化更易的嘛，个体的观念也如此嘛。

刘：嗯，这就是……

李：这就是理性内容。

刘：观念即内容！

李："做不做"，作这决定而执行之是意志。

刘：一念发动！

李：我即知即行，行即知。

刘：知行合一！

李：那就变成直觉了。致良知就是要把观念变成直觉并与好恶情感融合，这可不容易，需要持久艰苦锻炼，这就靠意志力，变成一念生处，无往不善，如阳明所说"久则心中自然凝聚，犹道家所谓结圣胎也"（《传习录·上》）。我不也讲"理性凝聚"吗，它不是先验（神赐）或先天（本能）的。

刘：观念变直觉！

李：一念发动，王阳明那"四句教"也有道理。

刘：也有人认为这是弟子所加。

李：这争论我知道，那无所谓。“无善无恶心之体，有善有恶意之动，知善知恶是良知，为善去恶是格物。”

刘：一念就是这个“意”！

李：第二句，就是观念嘛，第三句是培育成直觉，最后一句即是行嘛！

刘：嗯，看来“意”并非意志。

李：知善知恶，就是观念融合情感变为好恶的直觉嘛，就是致良知嘛，立刻知道哪个好，哪个坏！

刘：嗯。

李：阳明学很复杂，既可以发展为禁欲主义，如刘宗周，也可以发展为自然人性论，如陈确。我既反对禁欲主义、先验人性论，也反对自然人性论、社会生物学。当然，我的解说也许也根本不符阳明本意，但没关系。

刘：对，从心体无善恶开始，最终，为善去恶就是行。您诠释了“四句教”。

李：我的理论很清楚。上面对“致良知”也解说了，强调的仍然是意志锤炼，这才有真正的“自由意志”。

刘：嗯。

李：主要是那个心之体。说心是性，性是天理，我不赞同。性是DNA，生之谓性。这一定会受到围剿，但没关系。人性并不等于性，前已一再讲过。

刘：性是DNA，您这是科学理解，还是自然人性论。

李：科学理解，与自然人性论无关，我根本不赞成自然人性论，但我支持自然人性论当年反对先验人性论那套统治机制的进步作用。可见你对我的书我的论说根本不熟悉。我是历史主义者，我讲过历史有三性：具体性、积累性和偶然性，偶然性极重要，它包含了主动性、选择性等等，涉及个体和群体（如民族）的“立命”—命运问题，往何处去的问题。立命的“命”并不是“天命”，而是人（个体和人类）自己去奋斗去建立起来的命运。这就是我的哲学观点。所以不是“听天由命”，而且自己去创造去决定去把握命运。

8 孟荀强调“动物本能”的两个方面

李：本来就没什么善恶嘛，你生下来，你根本就不知道什么善恶……

刘：也对，从儿童成长角度。

李：什么是“性”呀？“性”是什么？

刘：应该是后来的预设。

李：“性”是从哪里来的？“性”不可能先验是善的。

刘：我也反对先验人性论。

李：但是，我为何“举孟旗”呢？

刘：为什么？

李：那是在一种设定上：就好像设定“天行健”一样，天本身无所谓健不健嘛！

刘：似乎在冯友兰与熊十力的假设与呈现之争，您更接近于前者。

李：“天之大德曰生”。

刘：天有德否？

李：天并没有什么道德嘛，与人性善一样，都是一种“设定”。儒家的特点就在对这个世界中人的生存、生命、生活予以高度肯定，从而也才有这个“有情宇宙观”的设定。其实，Kant详尽论说了上帝存在不可能用理智证明，也就是说上帝乃人的情感—信仰的一种设定。

刘：对。

李：中国古人给天赋予了一种情感……所以我一直说中国传统是“有情宇宙观”，从而儒家的人性善不同于基督教的原罪说，这是两种不同的设定。

刘：这里面孟荀有个拼合……

李：我讲“举孟旗行荀学”。这好像还没人提过。其实朱熹就是这么做的，当然朱并未意识到也不会承认这点。朱熹值得好好研究，因为你在读阳明，又恰好我们今天谈论的是道德心理。朱就极少提及。

刘：嗯，这也是个调和吧。

李：恰恰不是调和。我的“人性善”与孟子的“善端”（性善）又是在完全不同的意义、不同的角度和层面上讲的。所以与朱熹又不同，我所举“人性善的孟旗”，已非孟子原意，我更重视孟子强调的自由意志，也就是这个知识人一直承继的风骨、品格、气节。我讲的“人性善”是普泛性的情感—信仰设定，孟子讲的是实质性的道德根底。请注意，这里有两个不同的问题，不能细说了。孟子和荀子讲的性善性恶，我认为，实质上是强调动物本能即自然本性的两个方面。

刘：哪两个方面？趋善与趋恶？

李：动物本能有好的方面，相互合作、协调、爱抚，也有恻隐、同情。

刘：所谓“利他主义”（altruism）！

李：所以个体至上的自由主义者海耶克认为“利他”只是并不足道的动物本能。动物本能还有另一方面，争夺、打斗、杀戮，都有的嘛。

刘：也有落水不救。

李：所以，孟荀实际上举起动物本能的两个不同方面而已，人本来就是一种动物。

刘：嗯嗯。

李：一个是强调发展性善，另一个强调克服性恶，但是都强调教育学习，所以都是孔学。

刘：您的意思是孟荀统一于孔，也就是统一于“学”。

李：对。但孟子说不学而能不虑而知，也就离开孔子了；荀子只讲性恶，如同孟子只讲性善一样，也偏离了。

刘：对嘛。

李：所以，还是孔子讲得对，“性相近”，每个人的本性都是相近的，相近而不相同。

刘：与动物不同？

李：动物本能就是有不同嘛，有的狗蔫巴巴的，有的很凶嘛，每个动物都不同。何况人乎？人的个性便大不同，DNA不同，人心不同，有如其面。生来就不同，个性差异很大，所以宋明理学也承认人有不同的“气质之性”。后来便更不同，所以是相近而不是相同。后来“习”就使之相距更遥远了。

刘：嗯。

李：不同于机器。

刘：那当然。

李：人就是一个生物体，生物体本身就有差异，所以后天的教化很重要，既“有教无类”，又“因材施教”，不是靠找一个本来的先验善的心体解决问题。将来医学会根据个体基因的差异而作不同的治疗。

刘：对。

李：但先天的不同、本能的不同和强弱等等，又仍然十分重要。特别是人的情感便是建立在情绪本能的基础上的，包括伟大的母爱、强烈的男女爱情也如此。

刘：“人之所以异于禽兽者几希！”

李：所以我在《孔子再评价》和《关于“伦理学总览表”的说明》（2018年）中都强调认为，孟子在仁的结构第二方面（或称因素）即心理情感基础上突出第四方面即锤炼自由意志、独立人格，他那集义、持志、养气的理性凝聚，“正是孟子的最大贡献”。有趣的是，20世纪80年代我已指出仁是四个方面组成的理想型的文化心理结构体。但至今学者们讲仁仍然是混沌一团，孔子讲仁明明显示了仁的不同面相，今天学者们讲仁却似乎只是仁爱或加上一点很不清楚的什么东西，仁这个概念的内涵外延始终不明不白。因而他们大讲的仁、仁体、仁本体到底是什么意思，我始终弄不清楚，不知道他们到底要说什么。因为他们用的“仁”这个概念就不清楚，是一团混沌。

9 未来有赖于广义的教育

李：天生就不一样，所以，有的人偏向善性多一些，有的人偏向恶性多一些，那是有的呀。

刘：对。

李：所以这个“性相近，习相远”，真正成为好和坏主要是“习”所造成的。

刘：主要是后天塑造，当然也有先天根基吧？

李：上面不是已讲了吗？所以现代科学在研究，例如好些凶残的杀人犯、强奸犯是否有先天原因。同性恋不也是有先天原因吗？以前认为是不道德甚或犯罪，根本不是。

刘：学习？

李：我这个学习，不是讲简单的……

刘：广义的。

李：广义的学习，不是狭义的嘛。

刘：嗯。

李：包括后来的环境给你的一切影响都是……

刘：都是“习”。

李：所以，我的教育也是广义的。

刘：嗯。

李：远不只是老师、学校或家庭的教育。

刘：那是什么？

李：广泛的环境影响就是教育。

刘：教育一定是后天的。

李：胎教是先天的。

刘：这一段说得可对，孟荀统一于“学”！

李：对。哪一段说得不对，请说。

刘：胎教也是后天的。

李：哦？我上面讲胎教是从胎儿角度来讲的，并非从胎儿的母亲角度来讲呢，你又是概念不清楚。所以尽管你写过分析美学史，但并未学到分析哲学。不吹牛皮，我倒用分析哲学打败过不少论敌，特别在口头辩论中。书面的你可看看《美学三题议》。

刘：我这次去武汉大学讲座，有人就提出这个教育问题，未来一定是“大教育”为主题。

李：对，因为我一直把教育与人性联在一起，杨斌作为资深的中学教师便注意了这点，还出了我论教育的书。

刘：嗯。

李：古今中外讲人性的太多了，但什么是人性，始终没有讲清楚过。

刘：那您呢？

李：一开始我就抓住这个问题……你可以去查我20世纪70年代末的主体性论纲。

刘：呵呵。

李：Marx不讲人性，Marx只讲人。当然在《1844年经济学哲学手稿》中他也讲过人的五官感觉是人类历史的成果这样深刻的思想。我在《美学四讲》中强调了感性的社会性、非功利性等等。理性的社会性非功利性易理解，重要的是个体感性的非功利性和社会性。

刘：讲自然人化！

李：对。其实我以为，Kant的知情意倒都是讲人化自然问题，他的认识论、伦理学，都是讲人所特有的心理形式和结构。

刘：嗯。

李：所以我说"从"Marx到Kant，就是这个意思，在伦理学，也就是从伦理到道德。

刘：工具本体。

李：对，工具本体，十分重要，中国学人特别是搞儒学的都很鄙视，一讲到"物"，就认为是所谓第二义等等，只有"心"最高，其实没物哪来心。所以我始终坚持它是基础。现在高科技的迅猛发展更证明我正确。手机、互联网、机器人、人工智能不断在改变人们的生活、观念甚至情感，不断在影响、作用甚至塑造人性。工具本体的重要的基础性质不是越来越清楚吗？！

刘：对，当时大家对工具本体问得最多，还有工具本体与心理本体的关系。

李：是呀！这工具本体是基础嘛，你看仅仅一个手机，生活有了多大的改变。

刘：那是，您都在那里刷手机。

李：是呀，逃不出我的手掌心，哈哈……

刘：这也是“异化”。

李：这证明我的工具本体的重要，是最基础性的。异化问题很复杂，我早说过，有些异化是必要和重要的。为科学而科学，为艺术而艺术，为某建设而奉献一生，以及在商言商等等，也就是这种必要的异化。Marx反对和要纠正的是不自由非自愿的劳动异化。这问题还需要进一步研究。

刘：嗯。

李：回到工具本体吧，没有高铁，你能那么快嘛，对生活改变多大！

刘：对！

李：手机、电器，对生活方式改变多大，对人际关系，对个体心理、观念、思想、情感情绪影响多大，以后工具本体还会有新的发明创造，还会对心理本体有极大的影响和改变。

刘：这是生活美学问题。

李：所以生活美学必须建立在实践美学之上，它才能真正展开和发展。实践美学不就是首先强调工具本体、强调生产—生活方式的演进和改变吗？！生活美学不建立在实践美学基础上，说句好玩的话，它只是当年姚文元美学（他发表了七篇美学文章，本拟出集，因“文革”而停。这里只就其学术观点而言，不涉其政治意图）的细密精致的高级洋装版，因为都是从日常生活现象的描述分析中讲美丑等等，也可归属于杜威（Dewey）。

刘：我不接受您讲“生活美学”等同于姚文元，呵呵……

李：当然不能等同。正如我当年开玩笑说，Levinas的伦理学是雷锋哲学的高级玄奥洋装版一样：为他人活嘛！生活美学如果停留在描述、分析、论说生活现象上，便与姚属于同一类型，只有建立在实践美学上，探究在高科技时代的人类生产—生活方式和过程的节奏、韵律、形式感基础上的审美和美丑，从而有对生命、生存和人生价值、意义、境界产生新的领悟和快乐，生活美学才能有真正的前景和创新。

10 越来越不喜欢海德格尔

刘：您怎么看Heidegger，您不是声称“以孔子化Heidegger”嘛。

李：命名Heidegger的教席，都被德国人撤销了。

刘：参加《东西哲学年鉴》第三届国际学术研讨会，我发现……

李：什么？

刘：德国主要大学都不做Heidegger研究了，还质疑为何中国居然这么多？

李：嗯。

刘：这次见彭富春他跟我解释说，那是因为以前讲得太多了，物极必反而已。

李：哈哈哈……恐不是物极必反这个抽象的一般原则所能解释的吧。

刘：怎么？

李：德国讲得也没那么多，倒是中国讲得多。

刘：的确与中国思想近一些，这也许是怪现象？

李：也不怪。在法国讲得也不少。

刘：法国大都是“后海德格尔”的大众哲学家（popular

philosopher）。

李：Heidegger那些东西……我说过我是越来越不喜欢Heidegger。对Marx也如此。

刘：呵呵。

李：我越来越看不起Heidegger。

刘：为什么？

李：因为他的哲学……

刘：什么？

李：Heidegger的问题，不在于他做过纳粹的校长，那是次要的。

刘：当选弗莱堡大学校长后，马上就加入纳粹党了。《黑色笔记本》披露得更甚。

李：他始终是一个纳粹，那也是次要的。

刘：重要的是……

李：问题是他的哲学本身有问题，有严重缺陷和谬误。

刘：嗯？

李：20世纪80年代我就讲过，他的哲学有问题。

刘：什么问题？

李：在纳粹上台之前，他的《存在与时间》是1923年的嘛。

刘：嗯，1927年发表，1923年开写，1926年写就。

李：但是，他那个精神，却是和纳粹相通和一致的。

刘：士兵哲学！趋死哲学！

李：对呀，士兵哲学！我说的。

刘：嗯。

李：所以，把老子和Heidegger比，那是根本无可比的。

刘：为何？

李：因为他跟老子实质上是两个东西，尽管我说老子来自兵家。

刘：有中西古今之别。

李：不对。什么东西都有古今中外之别，你这句话毫无意义。主要是用老子与之比附，并没有真正懂Heidegger。

刘：为什么呢？

李：只有孔子才能化Heidegger。

刘：这是您的观点。

李：好像没有人这么讲过。

刘：孔子尚“有”，可以补Heidegger的“空”。

李：孔子的“未知生焉知死”，可以消化Heidegger的“未知死焉知生”。

刘：哦，消化他的“向死而生”！孔子是“有的哲学”！

李：我一再强调这一点，大家不愿听嘛，一见洋人就觉得高，讲那么玄就更高，哈哈，挺好笑的。

刘：哈哈，这是个核心！

11 动物性的“情绪”与人类性的“情感”之分

刘：关键这个中文的“情”，英文音译为Qing。

李：在西文当中至少是英文里，Qing没有对应的词。

刘：那倒是，音译是权宜之计。

李：我曾说emotion是由内向外的，feeling则是由外向内，但后来舍弃不用。因日常语言中不必要也不需要这种区分。

刘：这您早就说过，由内而外是“情—感”，由外而内是“感—情”。

李：日常语言本就是含混多义的，这理所当然，也应然。但现代科学和学术语言却应要求明确和清晰。所以我重视区分出情绪与情感。

刘：哦?

李：情绪为人和动物以及婴儿所共有的。

刘：那情感呢?

李：情感是“人化的”情绪。

刘：那就是说，情绪是动物性的，情感才是人类性的。这个区分……很断然!

李：这在思想上倒继承了儒家的人禽之分。

刘：但是，现代心理学、社会生物学，包括动物行为学，反倒要找到人类情感的动物根源。

李：人的情感当然有动物根源，包括我上面讲的母爱、性爱，这有什么奇怪的。这当然应该承认和好好研究。但在哲学上，我以为更重要和应予研究的是区分。西方自上帝死了之后，就将人归结为动物，我以为这在哲学上是错误的理论方向。

刘：如果，情感与情绪可分，那么在西文当中就起码该有两个对应词吧。

李：你就是因此反对区分，我已一再强调在日常语言和生活中，不需要这种区分，中文也是这样，也并不区分。因为两者本就连在一起的。但在学术研究和论说中则应该作出区分，即使西文没有相应区分的词也应如此，可以做些说明吧。好些中文词语在西文中也没有对应的词，如安乐哲（Roger T. Ames）举出的天、义、诚、仁、礼……

刘：确实也有这种现象，如life既指生命，又指生活。

李：在日常语言中，情感和情绪也经常通用无碍。

刘：我不赞同您这种进化论式的分法，我从哲学上把情分为“情性”、“情实”和“情感”，它们分别是本体论、认识论和经验论，从而构成了三角关联。

李：你追随后现代反对进化论，我支持进化论（应为演化论）。所以我说我们的基本观点非常不同。我倒很欣赏Steven Pinker，觉得与我有点不谋而合，都支持演化论，强调历史进步，高度肯定科技，明确反对后现代，反对Foucault等名家，赞赏启蒙、理性……至于你那三情，我根本不懂，那三个概念是什么意思，我就不明白，把它们套入什么本体论等等，就使我更糊涂了，只觉得如我以前所讲，你到处贴上一个“情”字就以为是“情本体”，我不赞同。希望你理出一个有意义的系统说法，但我估计不大可能。

刘：对您的三情之分，我要质疑。

李：我什么地方说过三分？我根本没做什么三分，而只是提出两个问题：第一，中文的情可作情感与情境（situation）之分而西文没有，这有否深入的意义？第二，更重要的是，情应作情绪（生物性）与情感（人性）之分。这两个问题并不平行也不搭界，怎么可说是“三分”？你总是未把问题看明白就大发议论，当然这不止你，乃当今通病也。

刘：您是根本反对性论吧！哪怕是由情而性的情性论？

李：我不知道你说的“性”是什么，你那“性”到底是指什么？

刘：性在中国乃是一种不断生成的人类本性，human-becoming 而非 human-being。

李：后者就是人，前者是指人在不断形成和变化，与“性”何干？什么是“人类本性”？怎么个“本”法？而且“人性”就等于“性”？

刘：不，中国之性，更宽更深！

李：不懂。中国人与外国人的“性”不同？你大概是说中国这个词含义较广，但Roger T. Ames和我都讲过，人性不能译成human nature，因nature有某种固有从而固定义，所以我翻译为human psychology。但性并不等于人性。古人未分，今人应分清楚，不然就倒回到严复批评“气”的时代去了：搬来一大堆古典词语却毫无分析，含混模糊又多义，根本没法做学术讨论。

刘：人类心理？也有人问：您原来用欲与情区分动物与人，如今又用情绪与情感，这有何对应关系？

李：动物就只是欲，没情？狗对你大摇尾巴只是欲没情？也有情绪嘛，日常语言中也就是情感嘛。以前的说法没错，后来讲得细一点，我不再三强调过欲也有许多种类吗，有人有而动物无的欲望，如读书的欲望，有人和动物都有的欲望如性欲，等等，情也如此。我不一再交代清楚了吗。

刘：动物当然有欲望也有情绪。但老狗对小狗的呵护，恐怕不是欲望和情绪，而是一种低级情感。

李：什么叫低级什么是高级？你必须先做个界定才能说，所以我说你根本没学好分析哲学。情欲本混在一起，因之在思辨和理论上要加以区别，原来是粗分，如今既专讲情，就要细分一点，如此而已。

刘：是要细化，但情绪与情感之分，似太简单。人类情绪与动物情绪的异同要具体分殊。人类高级情感与动物低级情感也要区分，如以反哺为机制的“孝”，动物一般就不可能有。

李：当然还要细分，细分是各种规范伦理学、经验心理学以至神经生理学的事，哲学不能做也不必做。哲学只是指明这种区分的必要，以确立不同于动物性的人性。你们那种种分法既非哲学，也非科学，只是一团混乱概念而已。

刘：焦点在于动物是否有情感？我觉得有！问题是什么样的低级情感为动物所具有？

李：刚才我已说先请你定义什么是高级什么是低级。又有多少层的级别，不会只有两个吧？你先说说。

刘：情欲为情绪和情感所共有。作为情绪的情欲更动物化，作为情感的情欲更人性化。高与低的标准，当然是离动物部分越近的越低，而人文濡化的程度越深就越高！

李：什么叫离动物的远近？性爱、母爱离动物性是远还是近？是高级还是低级？

刘：您说我抠字眼，如您所言哲学是意见，但起码是不普通的意见……

李：我根本没说你抠字眼，你恰恰是没抠，我是说你提到抠字眼这个问题。你这三个概念或范畴本身就没抠，因之便就不清楚。什么叫普通和不普通的意见？划分的界定在哪里？我抠了字眼，你倒真没抠。但我认为必须抠，这就是应用中的分析哲学ABC。

刘：哲学起码是一种有见识的意见。您的三情论，在一定情境下的从情绪到情感的“自然人化”，一看就是有进化论和历史生成的意蕴。知道您是贯彻人类学历史本体论的，但情绪与情感的人兽归属确实更复杂，需要更深入辨析。

李：我赞成更深入探究辨析情绪情感。但什么叫有见识？什么叫无见识？你说有我说无，如何界定？上面已说我没有什么三情论。三情论是你的。

刘：我的划分—情性是本体论，情实是认识论，情感是经验论，从而形成三者相互关联的三角结构，更多出于哲学架构的理由。我说乃是情的三个基本面向，共时的；您说的是从情绪到情感，从兽到人的演化，历史性的！

李：反正我不懂也不接受你那三情说，既然谈到抠字眼，我感兴趣的倒是中文的字眼问题。中国文言中有“之乎者也矣焉哉”，还有那个“而”，都只是一种气的转折或延续，有一种或浓或淡的情感的意味在内，非逻辑，却重要，20世纪50年代我就讲欧阳修为在文章里加两个“而”字，不惜派快马追五百里把文稿追回的故事，不知西文如何。这与我讲中国把情感与情况联在一起便有关系。中国古文常以“气”其实也属于“情”来断句，而不是主动宾的逻辑。至于中国文字我以为根本不是语言的copy，它来自结绳记事，中国素来是文字统治语言，而非相反，这我已讲过多次。从而与Saussure的理论大有距离，所以我对自马建忠到王力用西语语言学来整理规范中国语言和文字，一直有点疑问。但我不是语言学家，也不是文字学家，不敢说更不敢多说。我这里只是补充《关于“伦理学总览表”的说明》（2018年）一文开头提到的“萨丕尔-沃尔夫假说”（Sapir-Whorf hypothesis）关于世界观与语言相关的问题。英文What is xx？ 中文可译成“XX是什么？”也可译为“什么是XX？”我感觉前者可止于描述而后者可追求定义，如此等等。不知语言文字学家如何看。

刘：您说一大段关于中国语言的意见，您接着讲……

李：我刚才已说我这方面是外行，不能乱说，可能已说得过多，出笑话。这里想再讲几句的仍是哲学问题。我多次讲“历史进入形上”，没人注意，但我以为十分重要。这命题看来荒谬，却与我不喜讲超验，但强调超越密切相关，超越一己的有限：一己的生存、生命、生活、苦乐、悲欢、功业、名利……面对青山绿水，进入审美代宗教，所以我说过“中国的山水画有如西方的十字架，到处可见”这句很要害的话。正是历史进入形上，才能以丰足富饶、人所独有的情理结构，使“人与宇宙物质性的协同共在”能具有多样而深沉的心灵内容而成为本体。也就是说，历史绝不是一堆僵化的文本记录，不只是所谓事迹、人物、数据、账目……它实际容载着的是无数世代人们生活的悲欢离合、偶在实然。中国诗文中那么多的感时咏史，伤春悲秋、吟山叹水……便都是以历史时间产生的时间性的心灵审美进入超越的天地境界，它不是心体、性体的道德统制，而是并无实体却与宇宙自然节律（春秋代序、山川风貌……）协同共在的超道德的情本体。也许有如Kant的天上星空与心中自律，通由历史感悟，而融成的既敬畏虔诚又珍惜眷恋的自由审美感受。此之谓“美学乃第一哲学”？（！）但这已越出伦理学讨论范围，在这里再提一下，以后再说吧。引两段旧作结尾：

“昨日花开今日残，是在时间中的历史叙述，今日残花昨日开，是时间性的历史感伤，感伤的是对在时间中的历史审视，这就是对有限人生的审美超越……‘逝者如斯夫，不舍昼夜’，孔老夫子这巨大的感伤就是对有限人生的审美超越，是时间性的巨大情本体，这本体给人以更大的生存力量。”（《美学四讲·实践美学短记之二》）

“佛知空而执空，道知空而戏空，儒知空却执有，一无所靠而奋力自强。深知人生的荒凉、虚幻、谬误却珍惜此生，投入世界，让情感本体使虚无消失，所以虽心空万物却执着顽强，洒脱空灵却进退有度。修身齐家，正心诚意，努力取得超越时间的心灵境界——这是否就是‘孔颜乐处’？”（《中国哲学登场》）

（原载《湖南师范大学社会科学学报》2018 年第 5 期）